PETIT TRAITÉ

DE

COMPTABILITÉ AGRICOLE

EN PARTIE SIMPLE

PAR

EDMOND DE GRANGES DE RANCY

AUTEUR DU COURS COMPLET D'ÉTUDES COMMERCIALES

DEUXIÈME ÉDITION

AUGMENTÉE D'UN

SYSTÈME DE COMPTABILITÉ AGRICOLE

EN PARTIE SIMPLE

Applicable à l'exploitation d'un Domaine

Et permettant de surveiller tous les détails de son administration sans y résider
et de tenir soi-même le résumé de sa comptabilité sans travail continu

SUIVIE DE

L'ARITHMÉTIQUE SIMPLIFIÉE

POUR LES AGRICULTEURS

PARIS

LIBRAIRIE SCIENTIFIQUE, INDUSTRIELLE ET AGRICOLE

LACROIX ET BAUDRY,

RÉUNION DES ANCIENNES MAISONS MATHIAS ET COMPTOIR DES IMPRIMEURS

15, QUAI MALAQUAIS, 15

1860

Droit de Traduction et de Reproduction réservés.

PETIT TRAITÉ

DE

COMPTABILITÉ AGRICOLE

EN PARTIE SIMPLE

SUIVI DE

L'ARITHMÉTIQUE SIMPLIFIÉE

POUR LES AGRICULTEURS

PETIT TRAITÉ

DE

COMPTABILITÉ AGRICOLE

EN PARTIE SIMPLE

PAR

EDMOND DE GRANGES DE RANCY

AUTEUR DU COURS COMPLET D'ÉTUDES COMMERCIALES

DEUXIÈME ÉDITION

AUGMENTÉE D'UN

SYSTÈME DE COMPTABILITÉ AGRICOLE

EN PARTIE SIMPLE

Applicable à l'exploitation d'un Domaine

Et permettant de surveiller tous les détails de son administration sans y résider
et de tenir soi-même le résumé de sa comptabilité sans travail continu

SUIVIE DE

L'ARITHMÉTIQUE SIMPLIFIÉE

POUR LES AGRICULTEURS

PARIS

LIBRAIRIE SCIENTIFIQUE, INDUSTRIELLE ET AGRICOLE

LACROIX ET BAUDRY

RÉUNION DES ANCIENNES MAISONS MATHIAS ET COMPTOIR DES IMPRIMEURS

15, QUAI MALAQUAIS, 15

1860

PRÉFACE

DE LA DEUXIÈME ÉDITION

En publiant la première édition du *Traité de Comptabilité agricole en partie double*, j'ai cédé plutôt au désir d'écrire sur un sujet qui m'est familier et qu'on supposait hérissé de grandes difficultés, que je n'ai cru répondre à un besoin d'ordre et de bonne tenue des livres qui se serait manifesté parmi les cultivateurs; je les croyais au contraire atteints alors d'une profonde indifférence en matière de Comptabilité et fort éloignés de faire usage de cette précieuse méthode.

J'en exceptais cependant cette classe d'agriculteurs distingués et de haute intelligence, qui a toujours prévu les grands services que l'application de cette méthode devait rendre à l'industrie agricole.

Je croyais que ce livre resterait dans l'oubli comme tous ceux trop tôt publiés qui ne correspondent pas aux nécessités impérieuses du moment et qu'il s'en écoulerait avec peine une première édition. Je me suis trompé; elle s'est répandue plus rapidement que je ne l'avais supposé, et le livre venant à manquer, j'ai dû faire imprimer une seconde édition à la hâte et sans prendre le temps d'y ajouter le *Système de Comptabilité très-simplifié*, que j'introduis dans ce petit traité en partie simple, quoiqu'il eut été mieux à sa place dans une nouvelle édition de mon traité en partie double.

Cette nouvelle édition, qui sera la troisième, pouvant se faire attendre, j'ai cru devoir ne pas différer plus longtemps de publier cette addition que je considère comme très-intéressante parce qu'elle doit être utile à une classe assez nombreuse d'agriculteurs, à raison de son extrême facilité d'application et du peu de travail qu'elle exige.

J'ai fait suivre ce petit volume d'un *traité d'arithmétique très-simplifiée* pour les cultivateurs, destiné à renouveler les souvenirs ou à compléter le savoir de ceux qui l'auraient imparfaitement apprise; cette addition m'a été demandée comme le complément d'instruction ou plutôt comme le premier objet d'études de tout comptable.

Ce volume peut servir d'introduction à l'étude de la Comptabilité en partie double, qu'on peut ensuite approfondir et achever dans le traité complet de Comptabilité agricole.

AVIS.

L'auteur se fera un plaisir de donner à ceux qui voudraient organiser leur Comptabilité en partie double pour une exploitation présentant des circonstances exceptionnelles, et par conséquent certaines difficultés pour eux, les Conseils et les Renseignements de nature à faciliter leur travail. Il suffit d'en adresser la lettre de demande chez MM. LACROIX et BAUDRY.

PETIT TRAITÉ

DE

COMPTABILITÉ AGRICOLE.

INTRODUCTION

La tenue des livres, autrement dite, la comptabilité, est l'art de tenir avec ordre et méthode les écritures de ses opérations.

La plupart des petits cultivateurs n'ont pas de livres et ne tiennent aucune écriture sérieuse de leurs affaires; c'est un malheur pour eux, car la comptabilité introduit l'ordre dans les résultats et en tire des lumières pour l'avenir : il en résulte que les cultivateurs privés d'écritures marchent au hasard dans leurs opérations, et ne peuvent se rendre aucun compte de ce qu'ils font.

On distingue deux méthodes pour tenir les livres.

La méthode en partie double, qui est la seule complète et admirable, on peut le dire, par les résultats clairs, positifs et mathématiquement rigoureux qu'elle fournit.

On s'imagine bien à tort que c'est une science abstraite, difficile à comprendre et à pratiquer; rien, au contraire, de plus facile [1]. Mais cette injuste préven-

---

[1] Il suffit d'une quinzaine de jours, ou d'un mois tout au plus, pour apprendre la partie double d'un maître qui la sait vraiment, ou avec un bon livre élémentaire.

tion suffira sans doute pour détourner beaucoup de gens d'adopter cette excellente méthode.

Quant à la partie simple, ce n'est pas, à proprement parler, une méthode; elle n'a point de principes fixes et varie à l'infini dans les formes de ses livres.

Dans notre traité de comptabilité agricole destiné à la grande culture, nous avons déjà approfondi l'application de la méthode en partie double à l'industrie agricole, et nous ne cesserons d'en conseiller vivement l'adoption aux chefs d'exploitations importantes et à tous les hommes d'intelligence qui ne se laissent point arrêter par des apparences de difficultés.

Cependant on ne peut méconnaître que, pour les petits cultivateurs sans aucune habitude de tenir des comptes ou des écritures, la comptabilité en partie double ne paraisse et ne soit difficile au premier abord; c'est donc pour eux que nous venons aujourd'hui tracer un système de comptabilité en partie simple à la portée des intelligences les moins exercées.

Ici, rien d'abstrait, rien de nouveau même à apprendre: car la théorie va reposer sur une règle fort simple et connue de tous; les cultivateurs ne pourront plus s'excuser sur la difficulté d'apprendre cette théorie, ils la savent déjà pour ainsi dire, ni sur l'embarras de la pratiquer, car tout aura lieu au moyen d'un seul registre semblable à celui de caisse, dont se servent beaucoup d'entre eux, et qui n'en diffère que par quelques dispositions d'arrangement consistant en colonnes ou tableaux.

Si l'on remarque quelquefois beaucoup de colonnes, il ne faut pas s'en étonner; leur nombre n'augmente en rien la difficulté et sert cependant à donner sans surcroît de travail une plus grande quantité de renseignements précieux dans la culture.

PREMIÈRE PARTIE.

TABLEAUX A OUVRIR.

Nous commencerons par donner connaissance des livres ou tableaux dont nous nous proposons de faire usage.

En première ligne, est le livre ou tableau de *caisse*, connu de tout le monde, destiné à noter l'entrée et la sortie des espèces.

On doit y inscrire par ordre de dates, d'un côté, sur le feuillet gauche tout l'argent qu'on reçoit ou qui entre dans la caisse, en plaçant la somme, au bout des explications, dans une colonne dite d'*entrée*.

De l'autre côté, en regard sur le feuillet droit, on écrit tout l'argent qu'on donne ou qui sort, en plaçant, à l'extrémité des explications, la somme dans une colonne dite de *sortie*.

Voilà la forme du livre de caisse ordinaire, nous y ajouterons seulement une colonne de plus à l'entrée comme à la sortie, intitulée MÉMORIAL, et nous placerons cette colonne avant celle de *caisse;* voici pourquoi :

Tous les billets, et toutes les valeurs quelconques que nous recevrons, ou qui entreront, devront être écrites à l'*entrée* de notre livre nommé désormais MÉMORIAL-

CAISSE, en observant de placer la somme dans la nouvelle colonne intitulée MÉMORIAL.

Au contraire, tous les billets ou toutes les valeurs quelconques que nous donnons ou qui sortent, devront être écrites en regard sur le feuillet droit à la sortie, en observant d'inscrire la somme dans la nouvelle colonne intitulée MÉMORIAL.

En un mot, toutes les sommes d'argent seront placées dans les colonnes de *caisse*, et tout ce qui n'est pas de l'argent, c'est-à-dire les entrées ou sorties de billets, les achats ou les ventes de denrées ou d'objets quelconques, seront inscrites dans les colonnes MÉMORIAL.

Ainsi les sommes d'argent ne seront pas confondues avec ce qui n'en est pas, et l'on pourra, en retranchant le total de la colonne de sortie de la caisse du total de la colonne d'entrée, savoir, par la différence, le solde qui doit rester en numéraire dans la caisse; ce qu'on peut vérifier à tout instant, en comptant les espèces qu'elle renferme.

Le modèle de ce livre est placé à la page 70.

Voilà le seul livre indispensable où nous noterons, par ordre de date, toutes nos affaires sans exception et divisées, comme on le voit, en entrées et sorties.

Mais il est un autre livre, beaucoup moins connu et dont on fait peu d'usage, quoiqu'il soit fort utile, que nous nous proposons de tenir pour la culture; c'est le livre d'*entrée* et *sortie des denrées* ou des objets quelconques dont se compose l'industrie agricole.

On verra bientôt quels renseignements utiles nous en tirerons.

Sur ce livre on ouvrira un tableau [1], par entrée et par

---

[1] Ouvrir un tableau, c'est inscrire en tête des deux pages d'un livre ouvert, le nom d'une denrée, en plaçant le mot *entrée* sur le feuillet gauche et *sortie* sur le feuillet droit.

sortie, à chaque denrée ou objet quelconque dont s'occupe l'agriculture, à *blé*, par exemple, à *luzerne*, à *avoine*, à *bergerie*, à *vacherie*, etc.

On portera sur le feuillet gauche, à l'ENTRÉE de chaque tableau, tout ce qu'on recevra ou qui entrera de la denrée ou de l'objet auquel ce tableau aura été ouvert, en plaçant à la fin de l'explication le chiffre des *quantités* dans la colonne de l'entrée.

Au contraire on portera sur le feuillet droit, en regard à la SORTIE, tout ce qu'on donnera ou qui sortira de cette denrée ou de cet objet, en inscrivant après l'explication, le chiffre des *quantités* dans la colonne de la sortie.

D'où il suit qu'en retranchant le total des quantités sorties, du total des quantités entrées, on pourra savoir, par la différence, ce qui doit rester dans les magasins ou lieux de dépôt.

Ainsi, à l'aide de ce livre composé de tous ces tableaux, on pourra toujours savoir les quantités de denrées ou de valeurs qui restent disponibles sans qu'on ait besoin de les compter, de les peser ou de les mesurer laborieusement.

D'un autre côté, ces tableaux par entrée et sortie fournissent des moyens de contrôle qui font découvrir les erreurs ou les soustractions; car, en vérifiant sur les objets en nature, on doit trouver dans les lieux de dépôt les mêmes *quantités* que les tableaux présentent comme disponibles. Autrement il y aurait erreur ou soustraction.

Il y a beaucoup d'autres avantages à tenir ce livre, qui seront signalés plus tard.

On peut ouvrir un tableau par entrée et sortie, à la bergerie, à la vacherie, à l'écurie et à la basse-cour, comme on le fait pour les denrées.

On portera, à leur date, sur le feuillet gauche, à l'entrée de chacun d'eux, les achats d'animaux, ou leurs naissances ; et sur le feuillet droit, à la sortie, les quantités de ces animaux vendues ou consommées dans l'intérieur de l'exploitation, ou mortes, de manière qu'on saura toujours, comme pour les denrées, à l'aide de ces tableaux, les quantités qui doivent rester.

Et, comme on verra bientôt que toutes les sorties de ces animaux devront être motivées et vérifiées par le chef de l'exploitation, ce sera un moyen de contrôle pour rectifier les erreurs et prévenir les coulages.

On ajoute à ces tableaux plusieurs colonnes destinées à recevoir des notes utiles sur les qualités, l'âge, le sexe des animaux ; on trouvera un modèle de chacun de ces tableaux, suivi des explications qui y sont relatives, aux pages. 50 pour la vacherie, 52 pour la bergerie, 56 pour l'écurie, 54 pour la basse-cour.

On trouvera même un modèle de tableau général d'animaux, page 58, qui comprendrait et remplacerait les quatre tableaux précédents.

Indiquons encore quelques tableaux spéciaux à l'industrie agricole qu'il serait convenable d'ouvrir.

CHAPITRE PREMIER.

Du tableau des consommations des animaux.

La consommation des animaux étant un objet important à considérer en culture, il serait utile de lui ouvrir un tableau spécial, mais qui n'est pas indispensable.

Il sera toujours divisé en deux parties, l'entrée d'un côté sur le feuillet gauche, et de l'autre côté en regard, la sortie, sur le feuillet droit.

Dès qu'il entre, tous les mois par exemple, à un dépôt

spécial qu'on suppose formé pour l'alimentation des bestiaux, des vivres, des racines ou des grains, on inscrit les quantités de ces denrées à l'entrée sur le feuillet gauche dans des colonnes qui leurs sont destinées.

Au contraire, on note à la sortie, chaque jour ou toutes les semaines ou chaque mois, les quantités consommées séparément par l'écurie, la vacherie, le troupeau et la basse-cour.

Les colonnes des *quantités de l'entrée* et de la *sortie* se balancent quand le dépôt est épuisé : ce tableau sert à savoir ce que consomment en particulier la basse-cour, la bergerie, l'écurie et l'étable ; et en mettant, aux quantités les prix que coûtent les vivres, on peut apprécier exactement la dépense qu'occasionne chacune de ces quatre industries ; ce qui a son intérêt.

Le modèle de ce tableau est donné à la page 46 avec des explications développées pour en faire usage.

On peut se passer de ce tableau intermédiaire et porter directement les quantités consommées pour les animaux à la sortie des tableaux ouverts aux denrées ; mais dans ce cas on ne saisit plus d'un seul coup d'œil l'importance de la consommation des animaux.

CHAPITRE II.

Du tableau de consommation de la maison.

Le tableau de consommation de la maison est dans le même cas que le précédent, il serait utile sans être indispensable.

Ce tableau sera toujours divisé en deux parties, l'entrée d'un côté sur le feuillet gauche, et la sortie en regard, de l'autre côté.

On portera à l'entrée toutes les quantités d'aliments qui entreront dans un dépôt de provisions qu'on suppose formé pour l'alimentation de la maison ; on notera de l'autre côté, à la sortie, jour par jour ou par semaine, les quantités consommées.

Les colonnes de ce tableau doivent se balancer lorsque toutes les provisions entrées au dépôt seront sorties pour la consommation journalière; ou bien encore on en fera la balance en ajoutant aux quantités consommées celles qui restent dans le dépôt.

C'est un moyen de contrôle et de savoir à combien revient la dépense de nourriture pour la maison, en mettant des prix aux quantités des denrées consommées.

Voir le modèle de ce tableau avec explication à la page 48.

On peut se passer de ce tableau intermédiaire en portant directement les quantités prises pour la consommation à la sortie des tableaux ouverts aux denrées; mais on ne peut plus embrasser d'un coup d'œil dans un même tableau l'ensemble de la consommation de la maison.

CHAPITRE III.

Du tableau des journées.

Comme dans la culture on emploie un grand nombre d'ouvriers et qu'on ne les paye que tous les huit ou quinze jours, il en résulte un compte avec chacun d'eux, et la nécessité de se créer des moyens abréviatifs d'établir tous ces comptes.

On ouvre donc un tableau sous le nom de main-d'œuvre ou de journées, toujours divisé en deux parties.

L'entrée pour ainsi dire des journées, d'un côté sur le feuillet gauche, et en regard, sur le feuillet droit, la sortie, c'est-à-dire la *répartition* de ces journées entre les diverses cultures auxquelles elles ont été employées.

A l'entrée, dans la marge, on met au-dessous les uns des autres les noms de tous les ouvriers; il ne reste plus qu'à placer chaque soir, en face de chacun de ces noms, dans sept ou quatorze petites colonnes intitulées chacune d'un jour de la semaine ou de la quinzaine, le chiffre 1, si l'ouvrier a travaillé tout le jour, demi ou quart ou zéro, s'il n'a travaillé qu'un demi ou quart de jour, ou s'il n'a pas travaillé du tout. Ces colonnes s'additionnent à la fin de la semaine ou de la quinzaine; l'on sait ainsi le nombre des journées dues à chacun.

De l'autre côté, à la sortie, on répartit, à l'aide de diverses colonnes, ces mêmes journées entre les divers genres de culture qui en ont profité.

Cet ingénieux tableau contient plusieurs moyens de contrôle et de vérification qui sont expliqués à la suite du modèle qu'on trouvera page 34.

Ce tableau est un des plus utiles; il sert à dresser le compte des ouvriers; il fait connaître à combien s'élève la dépense considérable de main-d'œuvre dans l'année, et mieux encore, la portion de cette dépense à mettre à la charge de chaque culture en particulier, ce qui sert à trouver au besoin, le prix de revient de chacun de leurs produits.

CHAPITRE IV.

Du tableau d'attelages.

Ce tableau doit être rangé comme le précédent au nombre des plus utiles.

Il est important pour l'agriculteur de savoir à combien s'élèvent précisément les dépenses si considérables de ses attelages et de connaître le travail utile que lui rend ce principal moyen de culture.

Nous comprenons sous la dénomination d'attelages les charrues et tous les autres instruments de culture ou de transport, avec les bœufs ou les chevaux qui les mettent en mouvement.

Ce tableau a beaucoup d'analogie avec le précédent.

Il est divisé en deux parties : d'un côté, sur le feuillet gauche, l'entrée pour ainsi dire des journées, et en regard, sur le feuillet droit, la sortie ou plutôt la *répartition* de ces journées aux diverses cultures qui en ont profité.

Dans la première colonne, à l'entrée, on place les noms ou numéros les uns en dessous des autres de toutes les charrues ; il ne reste plus qu'à écrire chaque soir dans 7 ou 14 petites colonnes intitulées chacune du nom d'un jour de la semaine ou de la quinzaine, vis-à-vis le nom ou numéro de chaque charrue ou attelage le chiffre 1, 1/2, 1/4 ou 0 selon que cet attelage a travaillé la journée entière, ou une demi-journée, ou un quart de jour, ou pas du tout. Ces petites colonnes sont additionnées, et leurs totaux doivent correspondre avec ceux des colonnes du feuillet droit.

De l'autre côté, à la sortie, on *répartit* chaque soir les journées de travaux entre les diverses cultures auxquelles ils ont profité, cultures qui ont chacune une petite colonne où l'on n'a qu'à placer le chiffre des journées qui lui ont été consacrées.

L'entrée et la répartition ou sortie des journées de travail des attelages se balancent et se contrôlent mutuellement.

Avec ce tableau, on peut savoir combien de journées

de travail *utile* on a obtenu de ses attelages par jour, par semaine ou par mois, enfin dans toute l'année : ce qui donne le moyen de trouver le prix de revient d'une journée d'attelage.

D'un autre côté, on sait, par la répartition, la portion de ses dépenses qui doit être mise à la charge de chaque culture : renseignement utile pour établir exactement le prix de revient de chaque produit ou de chacune des récoltes que donnent ces cultures.

Le modèle de ce tableau est donné page 38, avec des explications complètes sur la manière de le tenir [1].

CHAPITRE V.

Du tableau des fumiers.

Le tableau des fumiers n'est pas indispensable, mais il est intéressant et utile à ouvrir, si l'on veut s'assurer des quantités exactes de fumier produites par chacune des industries de la vacherie, du troupeau, de l'écurie, de la basse-cour, etc., car ces fumiers doivent être considérés comme un produit, qui allège d'autant les frais de nourriture des animaux qui le donnent, et dès lors il convient de tenir compte avec ordre de ces produits ; ce tableau sert aussi à découvrir si l'on veut le prix de revient réel d'un mètre cube de fumier, et par conséquent à apprendre exactement aussi le prix de revient des récoltes dans lequel la dépense du fumier entre pour beaucoup.

---

[1] Le cultivateur peut tracer facilement ce tableau à l'aide des feuilles réglées en gris qui se trouvent à la librairie agricole, sous le nom d'*Auxiliaire général*.

Mais ce sont là des renseignements peut-être sans un grand intérêt pour les petits cultivateurs, qui se contentent des notes rigoureusement indispensables et ne recherchent pas des éclaircissements aussi circonstanciés.

Ce tableau est divisé en deux parties : l'entrée ou production du fumier, d'un côté sur le feuillet gauche, et en regard, sur le feuillet droit, la répartition de ces fumiers aux diverses cultures auxquelles ils ont profité.

Tous les quinze jours ou chaque mois, lorsqu'on nettoie les écuries, l'étable, la bergerie, la basse-cour; on porte le chiffre de la quantité de fumier frais produite par ces diverses industries dans une colonne consacrée à chacune; de manière qu'on voit à l'entrée du tableau la production mensuelle et, par une addition, la production annuelle, de fumiers obtenus en particulier dans l'écurie, dans l'étable, dans la bergerie ou dans la basse-cour. De l'autre côté, à la sortie, on *répartit* ces fumiers entre les cultures auxquelles ils ont été affectés, en plaçant dans de petites colonnes intitulées du nom de chacune de ces cultures, le chiffre des fumiers qu'on y a transportés et enfouis, ce qui mène à savoir la dépense exacte en engrais faite pour chaque nature de récolte.

Il y a un contrôle ou une balance établie entre l'entrée et la sortie de ce tableau, qui fait trouver la réduction de poids des fumiers lorsque, sortis frais des écuries, ils se sont mûris et consommés dans les lieux de dépôt.

Le modèle de ce tableau est placé à la page 42, suivi des explications nécessaires pour en faire usage.

CHAPITRE VI.

Du tableau général des récoltes.

On peut ouvrir un tableau à la récolte générale de l'année, où l'on note après la moisson, les récoltes partielles obtenues dans les divers champs.

Ce tableau est divisé en deux parties : l'entrée d'un côté, et la sortie de l'autre; on écrit par ordre de date, à l'entrée, sur le feuillet droit, les récoltes partielles de chaque champ, à mesure qu'elles rentrent dans les granges ou qu'elles sont mises en meule; puis, dans des colonnes intitulées du nom de chaque nature de récolte, on place les chiffres des quantités obtenues, de manière qu'en additionnant ces colonnes à la fin de la moisson, on a les totaux en quantités des récoltes de chaque sole.

Quant à la sortie portée sur le feuillet gauche, on y écrit ces mêmes totaux des récoltes dans un autre ordre, pour se créer un moyen de balance et de vérification ; et c'est dans ce tableau de sortie qu'on prend les chiffres des quantités des diverses récoltes pour les faire figurer à l'entrée des tableaux ouverts à chaque denrée.

Ce tableau est précieux et indispensable comme auxiliaire de la comptabilité en partie double, parce qu'il facilite singulièrement le travail du teneur de livres; mais si l'on renonce à faire usage de cette méthode, ce tableau intermédiaire perd de son utilité et peut être supprimé.

Il suffirait de porter directement les diverses récoltes, chacune à l'entrée de l'un des tableaux ouverts à chaque denrée, évitant ainsi de les réunir toutes dans le tableau général ci-dessus.

CHAPITRE VII.

Du tableau ouvert à chaque champ.

On pourrait ouvrir, même en partie simple, un tableau à chaque champ, ou mieux encore à chaque genre de culture, à blé, à avoine, à luzerne, etc., etc., toujours divisé en deux parties, l'entrée ou le débit sur le feuillet gauche, et la sortie ou l'avoir en regard, sur le feuillet droit.

On porterait sur le feuillet gauche, à l'entrée ou débit, tous les fumiers, semences, labours, travaux ou dépenses quelconques faites pour ce champ ou pour cette culture.

Sur le feuillet droit, à la sortie ou avoir, on porterait tous les produits ou toutes les récoltes obtenues par cette culture, ce qui conduirait à découvrir le prix de revient des récoltes.

Ces tableaux sont loin d'être indispensables, et ils s'éloignent des renseignements auxquels se bornent les cultivateurs insouciants; plus tard, nous ferons remarquer le parti qu'on pourrait tirer de ces tableaux et les éclaircissements de haut intérêt qu'ils fourniraient.

Le modèle est la page 66.

CHAPITRE VIII.

Du tableau ou compte ouvert à une personne.

On peut ouvrir un compte ou tableau à une personne avec laquelle on fait des affaires fréquentes, à terme, en compte, c'est-à-dire sans les payer ni régler ou en être payé ni réglé immédiatement; c'est ce qu'on appelle être en compte avec cette personne.

Ce compte ou tableau est divisé en deux parties : l'*entrée* ou le DOIT sur le feuillet gauche, où l'on porte en effet tout ce qu'il doit, et la *sortie* ou l'AVOIR sur le feuillet droit, où l'on note, au contraire, tout ce qui lui est dû.

Le modèle de ce tableau est page 68.

On peut n'en avoir qu'un seul, intitulé : *Divers débiteurs ou créanciers*.

CHAPITRE IX.

Du tableau de l'inventaire général.

Ce tableau est indispensable, car on doit faire son inventaire général une fois par an, et c'est lui seul, en partie simple, qui fait connaître la perte ou le gain qu'on a pu faire dans l'année.

L'inventaire se divise en deux parties bien distinctes :

La première est l'*actif*, comprenant toutes les valeurs que possède le chef de l'exploitation ;

La seconde est le *passif*, présentant tout ce qu'il doit ; en retranchant le montant du passif du montant de l'actif, il en résulte une différence appelée *capital*. Le capital ou la fortune du chef de l'exploitation n'est, comme on le voit, que l'excédant de son actif sur son passif.

Ce tableau se divise en deux parties, l'entrée ou *actif* sur le feuillet gauche, et en regard, sur le feuillet droit, la sortie ou le *passif*, plus le capital. Mais comme l'actif est presque toujours beaucoup plus long que le passif, on met souvent ce dernier à la suite de l'actif, au lieu de le mettre en regard.

On peut en voir un modèle page 74, accompagné des explications nécessaires.

Ce n'est que par cet inventaire annuel, qu'on peut, en partie simple, reconnaître le bénéfice ou la perte de l'année qui finit.

Pour cela, on compare le capital qui résulte de l'inventaire qu'on vient de faire avec le capital de l'inventaire précédent; si, par exemple, on arrive à un capital de 100,000 fr., lorsque l'année précédente il n'était que de 85,000 fr., il faut en conclure qu'on a gagné cette année 15,000 fr.

Si, au contraire, le capital de l'année précédente avait été de 109,000 fr., il en résulterait la preuve que nous avons perdu dans le courant de l'année 9,000 fr.

On voit par là l'importance d'apprécier avec exactitude et jugement toutes les valeurs figurant dans l'inventaire, car chaque erreur d'appréciation en plus ou en moins réagit sur le capital, qui n'est, comme nous l'avons dit, qu'une différence.

On inscrit l'inventaire général en forme de tableau ou simplement en forme de note, comme dans le modèle, sur les dernières pages de l'*Auxiliaire général*.

DEUXIÈME PARTIE.

THÉORIE

Avec l'aide des comptes ou tableaux que nous venons seulement d'indiquer, mais dont les modèles accompagnés d'explications suffisantes, vont être donnés ci-après, nous tiendrons avec un certain ordre les écritures indispensables d'une exploitation agricole.

Ainsi, sur le livre ou tableau appelé *mémorial-caisse* (car ce livre n'est qu'une suite de tableaux par entrée et par sortie comme les autres), on écrira, d'un côté, à l'entrée par ordre de date, tout ce que le cultivateur recevra en espèces, en billets, en denrées ou objets quelconques lorsqu'il les achète.

De l'autre côté, à la sortie il notera, par ordre de date, tout ce qu'il donnera en argent, en billets, en denrées ou objets quelconques lorsqu'il en vend.

Ce livre ou cette suite de tableaux contiendra donc toutes ses opérations, et sera le véritable journal de ses affaires.

Si, à ce premier livre relatif à la comptabilité-espèces, nous ajoutons, pour tenir écriture du mouvement des *matières*, le livre des magasins, qui n'est qu'une suite de tableaux ouverts, par entrée et par sortie, à chaque denrée ou à chaque objet quelconque intéressant la culture, dans ce cas, le cultivateur devra y inscrire toutes les *quantités* qu'il recevra de chacun de ces objets ou denrées à l'entrée du tableau spécialement ouvert à chacun.

Au contraire, il notera, de l'autre côté, à la sortie de ces tableaux, les *quantités* de ces objets qu'il aura données ou qui seront sorties, soit par vente, soit pour consommer dans l'intérieur de l'exploitation ou pour tout autre emploi.

Il en résultera qu'en retranchant le total des quantités de la sortie du total des quantités de l'entrée de chaque tableau, on saura toujours, par la différence, ce qui reste en nature dans les magasins de chacune des denrées ou de chaque objet.

Tout se borne, comme on le voit à être très-attentif, dès qu'on *reçoit* quelque objet, à le noter à l'*entrée* du tableau ouvert à cet objet, et dès qu'on *donne*, au contraire, quelque chose, à le noter à la *sortie* du tableau qui lui est ouvert.

Les tableaux étant ainsi organisés, si l'on veut se rendre des comptes assez sérieux, il suffira d'adopter une seule règle, et de l'appliquer invariablement, pour approcher jusqu'à un certain point de l'exactitude de la partie double.

Voici cette règle ou ce principe :

Rien ne doit SORTIR *d'un compte ou d'un tableau sans* ENTRER *immédiatement dans un autre.*

Le raisonnement justifie ce principe :

En effet, quand il sort ou qu'on donne de l'argent, de la marchandise ou un objet quelconque, ce n'est pas en pure perte, pour rien ou sans motif, c'est toujours en échange d'un autre objet ou pour la consommation intérieure, enfin pour un motif de culture ou de dépense quelconque.

Or, après avoir *fait sortir* ou avoir noté à la sortie l'objet donné, il faut immédiatement faire entrer celui reçu en échange, c'est-à-dire le noter à l'entrée de son tableau.

Voilà en quoi consiste toute l'application du principe :

Et quand il s'agit d'une sortie ou dépense en échange de laquelle on ne reçoit rien matériellement, il faut tout de même la faire entrer, c'est-à-dire la noter à l'entrée, en d'autres termes, la mettre à la charge d'un tableau ouvert à cette dépense ou à cette culture.

Ainsi les consommations, les dépenses et les diverses cultures auront chacune leur tableau ouvert, qui sera chargé à l'entrée de toutes les sorties et tous les débours faits à l'occasion de chacune.

On entrevoit déjà tout le parti que nous devons tirer de cette règle et les éclaircissements utiles que présenteront ces tableaux.

Ainsi, par exemple, supposons qu'on ait pris 20 hectolitres d'avoine et 2,000 kilog. de luzerne pour la consommation des chevaux.

Après avoir fait sortir des tableaux ouverts à la luzerne et à l'avoine en graine les quantités précitées, il faut simultanément les faire entrer au tableau de la consommation des animaux.

De façon qu'à la fin de l'année, en pratiquant toujours ainsi le principe, on trouvera réuni au tableau de consommation l'ensemble des vivres que les animaux auront consommés.

Autre exemple : supposons que 1,000 gerbes de blé et 500 d'avoine soient sorties de la grange, aient été battues, et qu'elles aient produit 20 hectolitres de blé, 15 d'avoine et 1,400 bottes de paille.

Après avoir fait sortir les 1,000 gerbes du tableau ouvert à blé en gerbes, et les 500 du tableau d'avoine en gerbes, il faut faire entrer les 20 hectolitres de blé au tableau de *blé* en grains, les 15 hectolitres d'avoine au tableau d'*avoine* en grains, et enfin les 1,400 bottes au tableau ouvert aux *pailles*.

On agira d'une manière analogue pour le blé changé en farine et en son.

C'est ainsi qu'à l'aide de nos tableaux nous tiendrons note des tranformations successives, et des mouvements d'entrée et de sortie de tous nos produits agricoles.

Autre exemple : on a vendu au marché 3 vaches ; on les notera d'abord comme vendues à la sortie du tableau ouvert à *vacherie*, et immédiatement on devra noter à *l'entrée* de la caisse la somme en argent qu'on a reçue en échange.

On a vendu 10 moutons à *Jean*, boucher ; après avoir noté cette *quantité* de moutons à la sortie du tableau ouvert à *bergerie*, il faut immédiatement porter à l'entrée du *mémorial-caisse* le billet de 300 fr. qu'on a reçu de Jean en paiement, dont on sort la somme dans la colonne *mémorial*.

Ou bien on y noterait que Jean nous doit en compte 300 fr., s'il est convenu de les payer à terme sans règlement.

En un mot, tout ce qui sort d'un tableau doit entrer immédiatement à la charge d'un autre.

C'est ainsi que le cutivateur pourra toujours suivre l'espèce de rotation continuelle de ses produits d'un compte à l'autre, et en noter avec régularité les différentes transfigurations.

Tous les quinze jours ou tous les mois, le chef de l'exploitation fera bien de vérifier si toutes les sorties de valeurs notées sur ses tableaux ont bien été portées chacune à l'entrée d'un autre tableau, et de placer un petit *v* en encre rouge à côté de la sortie et de l'entrée comme un indice que cette vérification a été faite.

De cette manière, aucune des ventes de denrées faites à crédit ne sera omise au débit de l'acheteur, celles contre argent ou billet seront notées à l'entrée du *mémorial-caisse* ; les vivres donnés pour les animaux figureront exactement au tableau de la consommation, et ainsi pour tout le reste.

Les erreurs, les omissions ou les coulages ne pourraient pas facilement échapper à l'attention.

Pour ne pas multiplier trop les tableaux ou les comptes, on doit d'abord se borner à ceux qu'on juge les plus utiles; on peut encore en restreindre le nombre en adoptant des dénominations générales.

Ainsi, on peut ouvrir un seul tableau à *objets divers,* où l'on portera tout ce qui ne mérite pas un tableau particulier;

Comme on ouvre un compte ou tableau de *divers débiteurs et créanciers,* au lieu d'un tableau pour chacun de ceux avec lesquels on fait peu d'affaires;

De même, au lieu d'ouvrir un compte ou tableau à chaque champ, ce qui serait possible, mais fort long, on ouvre un tableau pour chaque sole, c'est-à-dire pour chaque nature de récolte; et même au lieu d'en ouvrir à trèfle, à sainfoin, à luzerne, on peut n'en ouvrir qu'un seul à *prairies artificielles,* par exemple, à *céréales d'hiver* pour le blé et le seigle, et ainsi de suite.

Conformément au principe convenu, quand il sort des semences ou des fumiers, des tableaux ouverts à ces objets, on va immédiatement faire entrer ces objets à la charge du tableau des cultures auxquelles ils sont destinés.

Dès qu'on *répartit* ou fait sortir du tableau des journées de main-d'œuvre, ou du tableau des attelages, les journées employées aux diverses cultures, on doit immédiatement les noter à la charge des cultures auxquelles elles ont profité.

Si l'on a le même soin pour les autres dépenses de culture, il en résultera que ces tableaux feront connaître la dépense particulière de chaque culture, et, par conséquent, le prix de revient à peu près exact de chacune des récoltes qu'elles donnent.

On comprend encore que rien n'empêche d'ouvrir aussi des comptes ou des tableaux par *entrée* ou *sortie* ou par *doit* ou *avoir*, ce qui est la même chose, à diverses natures de dépenses.

Ainsi, par exemple, on ouvrirait un tableau de frais généraux où, toutes les fois qu'il sera fait mention à la sortie de la caisse d'un paiement de ces frais, on irait immédiatement le noter à l'entrée ou au débit de ce tableau.

Il en résulterait qu'à la fin de l'année on pourrait, à l'aide de ce tableau, connaître d'un seul coup d'œil le total ou l'ensemble de ses frais, en même temps qu'on pourrait vérifier tous les détails dont ils se composent.

Ces exemples suffisent pour faire sentir tout le parti qu'on peut tirer de ce système de comptabilité en partie simple, qui n'est assujetti qu'à cette seule règle, *que rien ne doit sortir d'un compte ou tableau, sans entrer immédiatement dans un autre.*

C'est une imitation libre de la partie double, mais il n'y a ici rien d'abstrait qui demande une étude préliminaire, rien que tout le monde ne sache aussitôt qu'on l'a lu; c'est là une idée aussi simple que facile à mettre en pratique.

Cette absence de toute difficulté nous paraît de nature à inspirer le goût de la comptabilité aux plus indifférents, et à les décider, lorsqu'ils seraient plus rompus au travail des écritures et mieux éclairés, à adopter enfin la méthode qui ne laisse rien à désirer.

Après cette courte théorie, il ne nous reste plus qu'à présenter les modèles des livres et tableaux dont nous venons de parler, à compléter les explications déjà données très-succintement, et à indiquer le moyen pratique de les renfermer tous sans exception, quoique très-dissemblables, dans un seul registre que nous nommerons l'*Auxiliaire général agricole.*

TROISIÈME PARTIE.

APPLICATION.

Du registre appelé l'Auxiliaire général agricole.

Tous les livres ou tableaux dont nous venons de parler seront organisés et ouverts sur un registre unique appelés l'*Auxiliaire général*, au moyen d'un simple expédient de réglure. Voici comment :

En outre des lignes horizontales, qui servent d'ordinaire à diriger l'écriture, il y aura, de plus, des lignes verticales, formant d'étroites colonnes tracées en encre grise comme les horizontales, pour qu'on puisse écrire dessus au besoin comme si elles n'existaient pas.

Ces lignes verticales, formant damier avec les précédentes, serviront de conducteur pour tracer avec régularité à l'encre noire ou rouge les colonnes des tableaux, dont on imitera la largeur, et dont on copiera l'*entête* sur les modèles donnés dans ce livre.

Il suffira donc pour cela de tracer soi-même des lignes en encre noire ou rouge sur celles des lignes verticales conductrices tracées en gris qu'on aura choisies d'avance.

Par cette simple précaution de réglure, il ne faudra plus qu'un instant pour ouvrir aisément et sans de minutieuses précautions, le tableau à colonnes le plus compliqué et la dépense pour achats de livres se trouve presque nulle.

Nous ouvrirons d'abord sur ce registre des tableaux à toutes les denrées, ensuite à toutes les industries de la vacherie, bergerie, basse-cour et aux attelages, après à la main-d'œuvre, aux travaux des attelages, à la consommation des animaux, à celle de la maison, aux diverses natures de culture, aux frais généraux, aux débiteurs et créanciers divers ; en dernier lieu, nous placerons les tableaux du *mémorial-caisse*, qui seront suivis à la fin de l'année par celui d'inventaire général qui termine tout.

Il est bien entendu que les personnes qui ne voudront pas tous ces tableaux choisiront dans le nombre ceux dont ils ont décidé de se contenter.

Nº 1. — TABLEAU D'ENTRÉE ET SORTIE DES QUANTITÉS SUR LE LIVRE DE MAGASINS.

ENTRÉE.   **Blés en grains.**   **SORTIE.**

Dates.	Provenances.	Quantités.	Observations.	Dates.	Destination.	Quantités.	Observations,
		hect. l.				hect. l.	
18				18			
Octob. 8	Blé battu provenant de la récolte, fº 7. .	100 »		Octob. 9	Vendu au comptant, *voir* Caisse, fº . . .	50 »	
Octob. 15	*idem* *idem* 8. .	200 »		Octob. 12	Livré à la mouture, fº 4	25 »	
Nov. 5	*idem* *idem* 9. .	400 »		Nov. 8	Vendu à terme à Durand, fº 17. . . , . .	300 »	

ENTRÉE.   **Avoine.**   **SORTIE.**

Dates.	Provenances.	Quantités.	Observations.	Dates.	Destination.	Quantités.	Observations,
18				18			
Octob. 1ᵉʳ	Avoine provenant du fº 1.	600 »		Octob. 2	Livré à la consommation des bestiaux, fº 7.	100 »	
Nov. 7	*idem* *idem* 4.	400 »		Octob. 9	Vendu au comptant, Caisse fº 8.	300 »	

ENTRÉE.   **Luzerne.**   **SORTIE.**

Dates.	Provenances.	Quantités.	Observations.	Dates.	Destination.	Quantités.	Observations,
		bottes.				bottes.	
18				18			
Octob. 1ᵉʳ	Provenant de la première coupe du fº. . .	1000		Octob. 2	Livré à la consommation des bestiaux, fº 7.	200	

Les moins difficiles pourraient même s'en tenir au *mémorial-caisse*, qui renferme toutes les notes de la comptabilité-espèces, et abandonner les tableaux de la comptabilité-matières, présentant les mouvements par entrée et sortie des produits.

Mais on est à même d'apprécier, par ce qui a été dit, de combien de renseignements précieux on se priverait pour s'épargner un travail qui n'est réellement que bien peu de chose, réparti dans le cours d'une année.

Ce livre est le plus important des auxiliaires de la comptabilité-matières, car sa destination est de présenter l'entrée et la sortie, *en quantités*, des objets qui font la base du commerce ou de l'industrie dont on s'occupe, objets qui, pour la culture, sont les denrées ou les produits, les bestiaux ou les intruments agricoles, dont il faut tenir compte par entrée et sortie, afin de connaître par la différence les quantités de ces objets qui restent disponibles.

Les tableaux à ouvrir sur ces registres sont fort simples :

Sur le feuillet gauche, à l'ENTRÉE, une première colonne pour les *dates*, à la suite un large espace pour l'explication des *provenances* ou entrées des objets, une troisième et dernière colonne des *quantités*, suivie d'une colonne intitulée *observations*, où l'on consignera dans certains cas des observations utiles, mais le plus souvent cette colonne est un espace réservé pour augmenter le nombre des colonnes au besoin.

Sur le feuillet droit, pour la SORTIE, absolument les mêmes dispositions; après la colonne des *dates*, un large espace pour expliquer les *destinations* ou sorties, et la dernière colonne des *quantités*, suivie de la colonne accessoire et habituelle des *observations*.

Le principe dominant pour la tenue de ce registre est que *rien ne doit sortir d'un compte sans entrer immédiatement dans un autre*[1].

Ainsi tout ce qui entre doit être porté sur ce livre, à l'entrée d'un compte particulier qu'il faut ouvrir pour

---

[1] Principe pour les *quantités* qui, dans la comptabilité-matières, correspond à celui de la partie double qui, dans la comptabilité-espèces, prescrit de ne pas débiter un compte sans en créditer en même temps un autre.

chaque nature d'objets [1], et, au contraire, tout ce qui sort, soit par vente, soit pour consommer dans l'établissement ou pour être transformé par une opération intérieure, doit être noté à la sortie du compte qu'on lui a ouvert lorsque l'objet est entré.

Par conséquent, chaque compte ou tableau présente l'entrée et la sortie des quantités de chaque objet qu'on possède, et le solde fait connaître constamment les quantités qu'il en reste de disponibles.

[1] Quand on ouvre un compte sur ce livre à la suite d'un autre, sur la même page, il faut laisser au compte qui précède un intervalle suffisant.

N° 2 — TABLEAU AUXILIAIRE DES JOURNÉES OU DE LA MAIN-D'ŒUVRE.

JOURNÉES de la première semaine de JANVIER.

Répartition.

NOMS OU NUMÉROS DES OUVRIERS.	DIMANCHE.	LUNDI.	MARDI.	MERCREDI.	JEUDI.	VENDREDI.	SAMEDI.	TOTAL des JOURNÉES.	PRIX.	SEMAINES dues À CHACUN.
									fr. c.	fr. c.
HOMMES.										
Paul	½	1	1	1	·	1	1	5 ½	1 50	8 25
Jean	·	·	1	1	1	1	1	5	1 50	7 50
Louis	·	·	·	·	1	1	1	3	1 50	4 50
Pierre	1	1	1	1	1	1	1	7	2 ·	14 ·
Joseph	·	1	1	·	·	·	·	2	1 ·	2 ·
Noël	·	1	1	1	1	1	1	6	1 50	9 ·
FEMMES.										
Marie	½	1	·	1	1	·	1	4 ½	60	2 70
Julie	·	1	·	1	1	·	1	4 ½	60	2 70
Adèle	·	1	1	1	1	1	1	6	40	4 80
Anne	·	·	·	·	1	1	·	2	30	60
TOTAUX	2 ½	7	6	7	8	7	8	45 ½		56 05

DÉSIGNATION DES TRAVAUX.	BLÉS.	AVOINE.	SEIGLE.	PRAIRIES.	FOURRAGES.	RACINES.	MÉNAGE.	TOTAL des JOURNÉES.
Dimanche, répandu des cendres sur les prés, et fait la lessive	·	·	·	·	1 ½	·	1	2 ½
Lundi, tarraré du blé, 4 hommes et 3 femmes	4.3	·	·	·	·	·	·	7
Mardi, 2 journ. d'hommes et une de femme au jardin; 3 journées d'hommes au seig.	·	·	3	·	·	·	2.1	6
Mercredi, travaillé 4 hom. aux avoines; au jardin, 3 femmes.	·	4	·	·	·	·	3	7
Jeudi, épierré la luzerne, 4 fem.; seigle, 4 hommes.	·	·	4	·	4	·	·	8
Vendredi, épierré blé, 4 h.; au jardin 2 hom. et une femme.	4	·	·	·	·	·	2.1	7
Samedi, répandu des terres 3 j.; sarclé et biné racines 5 jours.	·	·	·	3	·	5	·	8
RÉPARTITION des quantités de journées aux cultures	11	4	7	3	5 ½	5	10	45 ½
RÉPARTITION de la dépense aux comptes	13 80	6 ·	10 80	3 60	6 75	6 00	8 50	56 05

Sur le feuillet gauche des *journées*, une première colonne est intitulée *noms des ouvriers*, suivie de sept autres petites colonnes portant en tête le nom ou l'initiale du nom de chaque jour de travail de la semaine; une neuvième colonne est intitulée *total des journées*; la suivante, *prix*; et la dernière, *sommes*; on sous-entend *dues* à chaque ouvrier pour sa *semaine*.

Quand on a écrit, une seule fois pour toute la semaine, ces courts intitulés de colonnes, et, dans la première, les noms des ouvriers qu'on emploie, les uns au-dessous des autres, ou plus brièvement le numéro qu'on leur donne, il ne s'agit plus, à la fin de chaque

' On peut tenir ce tableau par quinzaine, pour cela il faut ouvrir le double de petites colonnes, pour les 12 jours de travail de la quinzaine, et l'on en trouve la place en rétrécissant l'espace consacré aux noms ou numéros des ouvriers et les larges colonnes des prix ou des sommes. Ce n'est pas tout : si dans certains tableaux on avait besoin d'un grand nombre de petites colonnes, on consacrerait la feuille qui dans nos registres contient l'entrée et la sortie tout entière à l'entrée, et le feuillet gauche, en regard, tout entier à la sortie.

Les dispositions de notre registre *Auxiliaire général agricole* permettent cette amélioration.

journée, que de noter le chiffre 1 à la suite du nom de l'ouvrier dans la colonne du jour, s'il a travaillé ce jour-là toute la journée; la fraction de jour, s'il n'en a travaillé qu'une partie; et 0, s'il s'est absenté.

Rien de plus simple et de plus prompt; il faut plus de temps pour le dire que pour le faire.

A la fin de chaque semaine on additionne ces chiffres *horizontalement* et *verticalement*. Le total doit être le même dans les deux sens, s'il n'y a pas d'erreur.

Après avoir placé dans la colonne des prix celui qu'on donne à chaque ouvrier, on multiplie ce prix par le total des journées de travail de chacun, pour obtenir la somme due à chaque ouvrier pour sa semaine et la placer dans la colonne des sommes, dont l'addition présente le total de la dépense en main-d'œuvre de la semaine.

Voilà pour les journées inscrites sur le feuillet gauche; mais il nous reste maintenant à noter en regard, sur le feuillet droit, l'emploi de ces journées, c'est-à-dire à faire la désignation des travaux exécutés avec cette dépense et leur répartition entre les cultures qui en ont profité : tout cela s'opère au moyen du tableau en regard, qui est à peu près semblable au précédent [1]

Sur le feuillet à droite, *répartition*, une première large colonne est intitulée *désignation des travaux*, suivie de 8, 9, 10 ou 12 colonnes étroites portant le nom ou l'initiale des noms de cultures pour lesquelles on a tra-

---

[1] Il est bien entendu que cette *répartition* des journées, à la charge des cultures, n'est utile que si l'on s'est décidé à ouvrir des tableaux à ces cultures; mais si au contraire on n'a pas adopté ce système, toute cette sortie ou partie droite du tableau doit se supprimer. Même raisonnement pour les tableaux suivants.

vaillé [1], et dont la dernière serait intitulée *divers comptes*, dans le cas où il n'y aurait pas suffisamment de colonnes pour le nombre de cultures; enfin vient la dernière colonne, *total des journées*, suivie de l'espace réservé sous le nom d'*observations*, s'il reste de l'espace.

Chaque soir on écrit dans la première large colonne, après le nom en abrégé du *jour*, la désignation des travaux éxécutés durant ce jour, et l'on place à la suite, sur la même ligne, dans chaque colonne. portant l'intitulé d'une culture, le chiffre particulier des journées employées à cette culture. Rien de plus simple: la répartition des journées de travail entre les diverses cultures se trouve ainsi faites par jour; et au moyen des totaux mis au bas des petites colonnes, la même répartition se trouve faite par semaine.

On additionne ces chiffres horizontalement et verticalement à la fin de la semaine; le total doit être le même dans les deux sens, s'il n'y a pas d'erreur, et de plus ce total des journées est nécessairement le même que celui du tableau des journées qui est en regard, ce qui établit un contrôle et une balance entre eux.

[1] Ces colonnes, par leur noms correspondent aux tableaux ouverts aux diverses cultures. On sait qu'on peut, selon le besoin, restreindre ou augmenter le nombre des petites colonnes, en agrandissant ou resserrant l'espace consacré aux désignations des travaux et en supprimant la colonne d'observations.

N° 3. — TABLEAU AUXILIAIRE D'ATTELAGES.

Journées d'attelages.

NOMS ou numéros DES ATTELAGES.	Dimanche.	Lundi.	Mardi.	Mercredi.	Jeudi.	Vendredi.	Samedi.	TOTAL des journées.	OBSERVATIONS.
Charrue de A ou N° 1 ...	»	1/2	1	1	1	»	1	4 1/2	
Id. B 2 ...	»	1	3/4	1	1	1	»	4 3/4	
Id. C 3 ...	»	1	1	1	1	1	1	6	
Id. D 4 ...	»	1	1	»	1	1	»	4	
Id. E 5 ...	»	1	1	1	0	1	1	5	
Id. F 6 ...	1	1	1	1	1	1	1	7	
	1	5 1/2	5 3/4	5	5	5	4	31 1/4	

Répartition.

TRAVAUX.	Blé.	Avoines.	Seigle.	Prairies.	Fourrages.	Racines.	Magasins.	Ménage.	Comptes divers.	TOTAL des journées.	OBSERVATIONS.
DIMANCHE : hersé trèfles, 1 jour.	»	»	»	»	1	»	»	»	»	1	
LUNDI : labouré blé, 2 jours 1/2; hersé luzerne n° 6, 3 journées.	2 1/2	»	»	»	3	»	»	»	»	5 1/2	
MARDI : hersé et enterré avoine, 3 jours; labouré pommes, 2 3/4.	»	3	»	»	»	2 3/4	»	»	»	5 3/4	
MERCREDI : hersé luzerne, et dans l'après-midi, orage.	»	»	»	»	5	»	»	»	»	5	
JEUDI : enterré à la herse avoines, 3; répandu terres sur le pré, 2.	»	3	»	»	2	»	»	»	»	5	
VENDREDI : charrié fumier au sainfoin.	»	»	»	»	5	»	»	»	»	5	
SAMEDI : transporté du bois pour le ménage, 2; et cendres sur le pré, 2.	»	»	»	»	2	»	»	2	»	4	
	2 1/2	6	»	»	18	2 3/4	»	2	»	31 1/4	

Ce tableau présente à peu près l'aspect du précédent, et peut être établi par quinzaine aussi bien que par semaine; il suffit pour cela de pratiquer douze colonnes pour les douze jours de travail de la quinzaine, ce qui se peut en rétrécissant l'espace employé aux larges colonnes des noms, des journées et des observations.

Sur le feuillet gauche, *journées des attelages*, une première large colonne est intitulée *noms ou numéros des attelages*, suivie de six, sept ou douze petites colonnes portant le nom ou l'initiale du nom de chaque jour de la semaine ou de la quinzaine; enfin la colonne du total.

Après avoir écrit, une fois pour toute la semaine, le

nom ou le numéro de chaque charrue ou attelage dans le large espace, il ne s'agit plus que de noter à la fin de chaque journée, à la suite du nom de chaque attelage, le chiffre 1 dans la colonne du jour, s'il a travaillé toute la journée; la fraction du jour, s'il n'a travaillé qu'une partie; et 0, si l'attelage est resté dans l'inaction.

A la fin de la semaine on additionne les chiffres horizontalement et verticalement; on obtient le même total dans les deux sens, s'il n'y a pas d'erreur.

On sait ainsi, dans le premier sens horizontal, le nombre des journées de travail de chaque charrue par semaine, et dans l'autre sens vertical, le nombre des journées de travail de toutes les charrues par jour; ce qui donne le tableau comparatif des attelages actifs ou paresseux, et celui des jours bien ou mal employés par des causes accidentelles qu'on peut noter dans la colonne d'*observations* [1].

Répétons ici qu'il suffit de quelques minutes pour inscrire ces chiffres dans des colonnes toutes préparées au moyen de la réglure en encre grise dont nous avons parlé, et intitulées une fois pour toutes par des initiales : on peut même se dispenser de les intituler dans la pratique par suite de l'habitude qu'on contractera d'en faire usage et d'en connaître la destination.

On ne donne ici que le tableau des journées de travail d'une semaine, mais on répète successivement ces tableaux les uns au-dessous des autres pour les semaines suivantes puis on en fait la récapitulation au bas de la page, qui peut contenir tout un mois.

Le feuillet droit, *répartition des travaux*, est disposé à peu près de la même manière que celui en regard [2].

Une première large colonne pour la désignation des *travaux*, plusieurs étroites colonnes à chiffres portant le nom des cultures auxquelles ces travaux ont profité [3]; une colonne, *total des journées* de travail par jour; enfin

---

[1] La colonne d'observations est une colonne en blanc réservée pour y noter, toutes les fois qu'il reste de l'espace, les observations de toutes natures, celles, par exemple, relatives aux orages ou mauvais temps qui ont, de force majeure, diminué le travail des attelages; mais cet espace est ménagé aussi pour servir, au besoin, à augmenter le nombre des petites colonnes portant le nom des récoltes, s'il arrivait qu'il n'y en eût pas assez. On doit comprendre qu'on ne met pas les intitulés d'avance, mais seulement à mesure qu'on en a besoin.

[2] Toute cette sortie ou partie droite du tableau est à supprimer, si l'on n'a pas ouvert des tableaux aux diverses cultures; *revoir note* (†) de la page 36.

[3] Ces noms correspondent aux tableaux ouverts aux cultures.

la dernière colonne d'*observations*, s'il reste de l'espace, mais qu'on peut réserver ou employer en petites colonnes si le grand nombre des cultures l'exige.

Chaque soir on écrit dans le large espace, après le nom du jour, la désignation succinte des travaux exécutés durant ce jour, et l'on place à la suite, sur la même ligne, dans chaque petite colonne portant l'intitulé ou l'initiale d'une culture, le chiffre particulier des journées employées à cette culture; la répartition des journées de travail entre les diverses cultures se trouve ainsi faite par jour, et, au moyen des totaux mis au bas de ces petites colonnes, la même répartition se trouve faite par semaine.

A la fin de la semaine on fait les additions horizontalement et verticalement; s'il n'y a pas d'erreur, on obtient le même total dans les deux sens, et de plus, ce total est le même que celui du tableau en regard des journées, avec lequel il y a balance.

N° 4. — TABLEAU AUXILIAIRE DES FUMIERS.

Entrée ou production des FUMIERS.

Dates	PROVENANCES.	Écurie.	Vacherie.	Bergerie.	Basse-cour.	ENGRAIS ACHETÉS. (e)	QUANTITÉS.	Observations.
JANVIER 1er	Fumiers suivant inventaire	»	»	»	»		1100	
id. 31	Tiré des écuries, étables, etc.	15	60	25	15		115	
FÉVRIER 28	id.	45	50	20	30		145	
MARS 31	id.	50	45	25	25		145	
AVRIL 30	id.	80	60	30	45		185	
MAI 31	id.	75	40	25	60		200	
JUIN 30	id.	30	55	14	25		124	
JUILLET 31	id.	60	30	40	15		145	
AOÛT 31	id.	55	20	16	60		151	
SEPTEMB. 30	id.	85	45	25	40		195	
OCTOBRE 31	id.	75	50	50	45		200	
NOVEMB. 30	id.	60	43	28	100		231	
DÉCEMB. 31	id.	100	100	100	100		400	
		740	598	378	560		3376	
à		2 fr	2 fr	2,50	2,50			
		1480	1196	945	1400	5021	3376	

Répartition en Sortie.

DESTINATIONS.	CÉRÉALES.			PRAIRIES ARTIFICIELLES.			Fourrages annuels.	RACINES.				PLANTES INDUSTR.		PRÉS.	QUANTITÉS.
	Blé.	Seigle.	Avoine.	Trèfle.	Sainfoin.	Luzerne.		Pom. de terre.	Navets.	Carottes.	Betteraves.	Colza.	Chanvre.		
Janv. 3, fumé 10 hect. de betterav. et 10 h. chanv.	»	»	»	»	»	»	»	»	»	»	120	»	100	»	220
Févr. 6, fumé 50 h. de blé et 20 h. de colza	110	»	»	»	»	»	»	»	»	»	»	80	»	»	190
Mars 8, fumé vesce, jaros.	»	»	»	»	»	»	125	»	»	»	»	»	»	»	125
Avr. 10, fumé 40 h., sainf.	»	»	»	»	180	»	»	»	»	»	»	»	»	»	180
Sept. 8, id. 30 hect. colza	»	»	»	»	»	»	»	»	»	»	»	200	»	»	200
Oct. 21, id. les pommes de terre	»	»	»	»	»	»	»	400	»	»	»	»	»	»	400
Nov. 5, id. luzernes	»	»	»	»	»	150	»	»	»	»	»	»	»	»	150
Déc. 25, id. trèfles	»	»	»	200	»	»	»	»	»	»	»	»	»	»	200
id. carottes	»	»	»	»	»	»	»	»	»	160	»	»	»	»	160
31, id. les prés	»	»	»	»	»	»	»	»	»	»	»	»	»	30	30
	110	»	»	200	180	150	125	400	»	160	120	280	100	30	1875

Il reste en fosses au 31 décembre 1035

Réduction de volume 486

3376

Il faut adopter une unité de mesure, le volume ou le poids; mais peser les fumiers est difficile dans la pratique : nous adopterons donc le volume et le mètre cube. Il faut savoir la contenance en mètres cubes de nos voitures et de nos fosses.

On divise le feuillet gauche ainsi qu'il suit :

Une colonne de *dates*, un espace pour désigner les *provenances*, petites colonnes intitulées du nom de chaque compte producteur du fumier pour y placer le chiffre qu'il en produit par semaine ou par mois, si l'on ne nettoie les écuries que tous les huit jours ou tous les mois; enfin la colonne des *quantités*, suivie de celle ordinaire des *observations*.

Ces intitulés une fois mis en tête du tableau pour toute l'année, il ne reste plus lorsqu'on vide les écuries tous les quinze jours ou tous les mois, qu'à placer le chiffre de la quantité de fumier produit par c'aque industrie dans la petite colonne qui en porte le nom.

A la fin de l'année on additionne ces chiffres horizontalement et verticalement, et l'on obtient le même total dans les deux sens, s'il n'y a pas d'erreur commise. L'addition horizontale donne le total de la production des fumiers de toute l'exploitation par mois ou par quinzaine; et l'addition verticale donne, par le total mis au bas de chaque petite colonne intitulée *écurie*, *étable*, *bergerie* et *basse-cour*, tout ce que chacune a produit de fumier en particulier dans l'année, fumier qu'il faut considérer comme un produit.

Voilà pour l'entrée des fumiers; mais il nous reste maintenant à noter en regard, sur le feuillet droit, la sortie des engrais, c'est-à-dire leur emploi aux diverses cultures, de manière à faciliter la répartition de la dépense des engrais à la charge de toutes les cultures auxquelles ils ont profité [1].

Le feuillet droit est disposé à peu près de la même manière que celui en regard; mais, pour avoir un plus grand nombre de colonnes, on a placé les dates à la tête et dans le large espace des *destinations*, qui est suivi de colonnes étroites, intitulées du nom des cultures auxquelles les engrais sont destinés pour y placer le chiffre des quantités d'engrais donnés à chacune; enfin une

[1] Revoir note (1) de la page 36.

colonne totale de *quantités*, qui eût été suivie de la colonne habituelle des *observations*, si le nombre des cultures diverses n'exigeait pas qu'on disposât de l'espace qui lui était ménagé; ce qui doit arriver souvent. Les intitulés des petites colonnes correspondent aux tableaux ouverts aux cultures, si l'on en ouvre. On sait que si l'on avait besoin d'un grand nombre de colonnes, on peut consacrer une feuille, qui ordinairement contient l'entrée et la sortie, tout entier à l'entrée, et le feuillet gauche en regard tout entier à la sortie ce qui double l'espace dont on peut disposer pour les colonnes sans détruire la symétrie de l'entrée et de la sortie mises en regard.

Ensuite rien n'empêche de joindre la colonne inutile d'observations de l'entrée à celle des destinations, qui lui est voisine, pour faire de plus amples explications pour les emplois des fumiers.

Chaque fois qu'on fait une fumure, après avoir écrit la date et la désignation du champ fumé, on place le chiffre de la quantité de fumier sorti dans la petite colonne, portant le nom de la culture qui doit en être chargée.

A la fin de l'année on additionne ces chiffres horizontalement et verticalement; on obtient ainsi un total qui est le même dans les deux sens, s'il n'y a pas d'erreur; et il est évident que, par les totaux des petites colonnes, on a la répartition des quantités de fumiers fournies à chaque culture, quantités qu'il s'agit de porter à l'entrée du tableau de chacune, si on leur en a ouvert.

N° 5. — TABLEAU DE CONSOMMATION DU BÉTAIL.

ENTRÉE.   Quantités consommées.

DATES.	PROVENANCES.	Avoine.	Foin.	Luzerne.	Paille.	Regain.	Betteraves.	Pommes de terre.	Son.	Vert.	QUANTITÉS.	PRIX.	SOMMES.
Janv. 1er	Du Cte Avoine, f°	30	»	»	»	»	»	»	»	»	30		
—	— Foin, f°	»	200	»	»	»	»	»	»	»	200		
—	— Luzerne, f°	»	»	150	»	»	»	»	»	»	150		
—	— Paille, f°	»	»	»	300	»	»	»	»	»	300		
—	— Regain, f°	»	»	»	»	120	»	»	»	»	120		
—	— Betterave, f°	»	»	»	»	»	1000	»	»	»	1000		
—	— P. de terre, f°	»	»	»	»	»	»	500	»	»	500		
—	— Son, f°	»	»	»	»	»	»	»	280	»	280		
—	— Vert, f°	»	»	»	»	»	»	»	»	1000	1000		
											3580		
Janv. 15	— Avoine, f°	24	»	»	»	»	»	»	»	»	24		
—	— Foin, f°	»	240	»	»	»	»	»	»	»	240		
—	— Luzerne, f°	»	»	140	»	»	»	»	»	»	140		
—	— Paille, f°	»	»	»	450	»	»	»	»	»	450		
—	— Regain, f°	»	»	»	»	100	»	»	»	»	100		
—	— Better., f°	»	»	»	»	»	800	»	»	»	800		
—	— P. de terre, f°	»	»	»	»	»	»	400	»	»	400		
—	— Son, f°	»	»	»	»	»	»	»	220	»	220		
—	— Vert, f°	»	»	»	»	»	»	»	»	800	800		
	TOTAUX....	54	440	290	750	230	1800	900	500	1800	6754		
	A......	10f	3f	7f	2f	25c	25c	30	1f	30c			
		540	1320	2030	1500	55	450	270	500	540			7204

Répartition ou SORTIE.

RÉPARTITION ENTRE LES COMPTES CONSOMMATEURS.	1re QUINZAINE.	2me QUINZAINE.	QUANTITÉS.	PRIX de revient.	SOMMES.	TOTAUX.
				fr. c.	fr. c.	fr. c.
ATTELAGES — Avoine....	27	16	43	10 »	430 »	
Foin.....	150	160	310	3 »	930 »	
Luzerne....	50	40	90	7 »	630 »	2745 »
Paille.....	120	150	270	2 »	540 »	
Son.....	80	60	140	1 »	140 »	
Betterave...	200	160	360	» 25	75 »	
VACHERIE — Foin.....	50	80	130	3 »	390 »	
Paille.....	100	150	250	2 »	500 »	
Betterave...	800	700	1500	» 25	375 »	2100 »
Son.....	100	140	210	1 »	210 »	
Vert.....	1000	800	1800	» 30	540 »	
Regain.....	120	100	220	» 25	55 »	
TROUPEAU — Luzerne....	100	100	200	7 »	1400 »	1720 »
Paille.....	60	100	160	2 »	320 »	
BASSE-COUR — Avoine.....	3	8	11	10 »	110 »	
Paille.....	20	50	70	2 »	140 »	610 »
Pommes....	500	400	900	» 30	270 »	
Son......	100	20	120	1 »	120 »	
	3580	2174	6754			7205 »

Sur le feuillet gauche, qui est à l'entrée et qu'on suppose être un dépôt spécial pour la consommation, on ménage après la colonne des *dates*, un espace pour désigner les *provenances*, suivi d'étroites colonnes portant chacune le nom d'une des denrées destinées à l'alimentation des animaux; enfin la colonne des *quantités* suivie de celle ordinaire des observations, mais qui se trouve cette fois partagée en une petite colonne de *prix* et une dernière pour les *sommes*.

Dès qu'il entre au dépôt pour la consommation du bétail une quantité de vivres, on écrit après la date la désignation du compte d'où cette quantité provient, et l'on place le chiffre dans la colonne intitulée du nom de cette espèce de vivre. On obtient le contrôle habituel en additionnant tous ces chiffres à la fin de la quinzaine ou du mois, *horizontalement et verticalement*; s'il n'y a pas d'erreur, le total est le même dans les deux sens, et ce total est de plus égal à celui du tableau de sortie : ce sont des totaux de vérification, voilà tout, car ils se composent d'unités différentes, d'hectolitres pour l'avoine, de quintaux métriques pour les fourrages, de kilogrammes pour le son, etc. Mais peu importe; cette colonne de quantités, qui présente un total sans unité commune, atteint son but, et sert suffisamment pour arriver à cette utile vérification.

L'entrée de ce tableau n'est pas absolument nécessaire:

elle se trouve ici pour la symétrie et comme contrôle.

Sur le feuillet droit de *réparsition*, après la colonne de *dates*, on ménage un large espace pour écrire, au-dessous les uns des autres, les noms des comptes consommateurs et celui des denrées consomnées par chacun d'eux, réunis par une accolade.

Ces noms de comptes et de denrées sont suivis de plusieurs colonnes portant en tête la désignation de première et deuxième quinzaine du mois, pour y placer les

chiffres des quantités; enfin la colonne du total des quantités, qui précède celle ordinaire des observations, mais qui se trouve cette fois subdivisée en une petite colonne de *prix* et une dernière pour les *sommes*.

Sur le tableau ci-dessus, on a fait entrer au dépôt, tous les quinze jours, la quantité de chaque aliment jugée nécessaire pour la consommation de la quinzaine. C'est ce qui doit se faire dans la pratique, où il ne conviendrait pas de prendre à même des magasins généraux.

N° 6. — TABLEAU DE LA CONSOMMATION DE LA MAISON.

ENTRÉE au dépôt des Provisions.

DATES.	PROVENANCES.	Pain.	Viande.	Pommes de terre.	Légumes.	Sel.	Vin.	Cidre.	Beurre.	Œufs.	Divers.	QUANTITÉS.	PRIX COÛTANT ou de revient.	SOMMES.

Consommation.   **SORTIE.**

DATES.	NOMS DES DENRÉES.	Lundi	Mardi	Mercredi	Jeudi	Vendredi	Samedi	Dimanche	QUANTITÉS.	PRIX	SOMMES.
	Pain.										
	Viande et lard.										
	Pommes de terre.										
	Légumes.										
	Sel.										
	Vin.										
	Cidre.										
	Beurre.										
	Œufs.										
	Divers.										

Si l'on voulait entrer dans les détails de la consommation de la maison, on pourrait ouvrir un tableau disposé comme le précédent.

Tout ce qui entrerait pour la consommation de la maison serait inscrit à l'entrée.

Après la date, on désignerait d'où provient la denrée

qui entre et l'on en placerait le chiffre des quantités dans la petite colonne intitulée du nom de cette denrée.

On additionnerait ces chiffres à la fin de la semaine, de la quinzaine ou du mois, *horizontalement* et *verticalement*; le total sera le même dans les deux sens.

On placerait le prix coûtant, si on a acheté la denrée, ou le prix coûtant présumé, si c'est un produit de l'établissement, dans la colonne des *prix*, et le produit de la multi-

plication de la quantité par le prix serait placé dans la dernière colonne des *sommes*, qui par son total fait connaître la dépense de la semaine, de la quinzaine ou du mois.

Mais si l'on ne veut pas mettre de prix coûtant présumé on se contentera de noter les *quantités*.

Quant à la sortie, on peut disposer ce tableau différemment; mais si l'on veut constater la consommation jour par jour, on le disposera comme ci-dessus.

N° 7. — TABLEAU AUXILIAIRE DE VACHERIE.

Entrée.

DATES.	NOMS et provenances.	NUMÉROS.	SIGNALEMENT. Taureaux	SIGNALEMENT. Vaches et génisses	SIGNALEMENT. Veaux.	AGE,	PRODUITS et accroissem. Veaux.	PRODUITS et accroissem. Génisses.	PRODUITS et accroissem. Lait.	QUANTITÉS.	QUALITÉS et observations.
Janv. 1er	Suivant inventaire. Bœufs.........	1				3					
		2				3					
		3				3					
		4				3					
		5				4					
		6				4					
	Vaches........	7				4					
		8				4					
		9				4					
		10				6 à 7					
		11				7 à 8					
		12				7 à 8				12	
	1 taureau........					5				1	
	2 génisses........					1 à 2 ans				2	
	6 veaux........					3 à 6 m.				6	

On ouvre un tableau sous le nom de *Vacherie* pour le personnel de l'étable, ainsi divisé : une colonne des *dates*, un espace pour les *noms* et *numéros*, une colonne pour les *quantités*, suivie de la colonne ordinaire des *observations*.

Sortie.

DATES.	DESTINATIONS.	VENDU		CONSOMMÉ.	SORTIES diverses.	QUANTITÉS.	OBSERVATIONS.

On intercale des colonnes entre celle des numéros des animaux et celle des quantités, mais cela n'est pas indispensable.

On commence ce compte par y porter en détail tous

les animaux figurant sur l'inventaire d'entrée, désignés sous leur nom ou par un numéro.

Ensuite, dès qu'il entre, soit par achat, soit par naissance, un nouvel animal, on l'inscrit à sa date d'achat ou de naissance, on lui donne un numéro, et l'on sort le

chiffre de cet accroissement de nombre dans la colonne des *quantités*.

La sortie est divisée de la même manière.

Toutes les fois qu'il sort une bête, soit par vente, soit par mort ou consommation, on l'inscrit à sa date.

Nº 8. — TABLEAU AUXILIAIRE DE BERGERIE.

Entrée.

DATES.	PROVENANCES.	NUMÉROS.	SEXE.			AGE.	PRODUITS et accroissem.			QUANTITÉS.	QUALITÉS et OBSERVATIONS.
			Entiers.	Bêtes.	Moutons.		Mâles.	Femelles.	Laines.		
Janv. 1er.	Suivant inventaire.										

Sortie.

DATES.	DESTINATIONS.	VENDU		CONSOMMÉ.	SORTIES diverses.	QUANTITÉS.	OBSERVATIONS.
		Comptant.	À terme.				

On ouvre un tableau à *bergerie*, pour le personnel du troupeau, disposé comme ci-dessus.

On commence ce compte par y décrire en détail, si l'on veut, tous les animaux figurant à l'inventaire d'entrée ; ils reçoivent un numéro impair pour les brebis et pair pour les moutons.

On peut supprimer toutes ces colonnes entre les provenances et les quantités ; il suffit qu'on signale l'âge et le sexe.

Dès qu'il entre un animal soit par achat, soit par naissance ou tout autrement, il faut avoir soin de l'inscrire à l'entrée.

N° 9. — TABLEAU AUXILIAIRE DE BASSE-COUR.

Entrée.

DATES.	PROVENANCES.	POUSSINIÈRE.	VOLAILLES.			LAPINIÈ E.	PRODUITS et accroissem.	QUANTITÉS.	OBSERVATIONS.
			Dindons.	Canards et poules.	Pigeons.				
Janv. 1er.	Suivant inventaire.								

Sortie.

DATES.	DESTINATIONS.	VENDU		CONSOMMÉ.	QUANTITÉS	OBSERVATIONS.
		Comptant.	À terme.			

On ouvre un tableau à *basse-cour*, pour le personnel de la basse-cour, disposé à peu près comme les précédents.

On commence par y inscrire les animaux portés sur l'inventaire d'entrée, en détail si l'on veut.

Toutes les colonnes intercalées entre les provenances et désignations peuvent être supprimées; il suffit de noter clairement à l'entrée tout ce qui entre par achat, par naissance ou autrement.

Toutes les fois qu'il sort un animal par vente, consommation, mort ou tout autre cause, il faut le noter à la sortie.

N° 10. — TABLEAU AUXILIAIRE D'ÉCURIE.

Correspondant au compte (Attelages au grand-trait.)

Entrée.

DATES.	NOMS et signalements.	NUMÉROS.	AGE.	SEXE.	QUALITÉS.	QUANTITÉS.	OBSERVATIONS.
Janv. 1er	Suivant inventaire.						

Sortie.

DATES.	DESTINATIONS	NUMÉROS.	AGE	SEXE.	QUALITÉS.	QUANTITÉS.	OBSERVATIONS.

Ce compte se tient comme les trois précédents pour constater l'entrée et la sortie en *quantités* du personnel des *attelages*, mais il est encore moins important que les précédents. Aussi proposons-nous de réunir ces quatre comptes en un seul sous le nom de *Animaux*, dont nous donnons le modèle à la suite de celui-ci.

Dès qu'il entre un animal nouveau, il faut le noter à sa date, et signaler son sexe, son nom, son numéro, ses qua-lités; pour cela, toutes les colonnes pratiquées entre celles du *signalement* et des *quantités* ne sont pas indispensables.

Quant à la sortie, les colonnes entre celles du signalement et des quantités ne sont pas non plus indispensables. Il suffit, toutes les fois qu'il sort un animal par vente, mort, ou pour tout autre cause, de le noter à la sortie en rappelant le nom, le numéro et autres indices qui l'ont signalé à l'entrée.

N° 11. — TABLEAU AUXILIAIRE DES ANIMAUX.

Entrée.

DATES.	NOMS OU NUMÉROS et SIGNALEMENT.	ATTELAGES		BERGERIE			VACHERIE			BASSE-COUR.				TOTAL des QUANTITÉS.
		Bœufs.	Chevaux.	Béliers.	Moutons.	Brebis.	Vaches.	Veaux.	Génisses.	Porcs.	Dindes.	Canards et poules.	Pigeons.	
Janv. 1er.	Invent. d'entrée.													

Sortie.

DATES.	NOMS OU NUMÉROS et SIGNALEMENT.	ATTELAGES		BERGERIE			VACHERIE			BASSE-COUR.				TOTAL des QUANTITÉS.
		Bœufs.	Chevaux.	Béliers.	Moutons.	Brebis.	Vaches.	Veaux.	Génisses.	Porcs.	Dindes.	Canards et poules.	Pigeons.	

Les quatre tableaux précédents n'étant en grande partie destinés qu'à constater l'entrée et la sortie du *personnel* des animaux, leur accroissement par achat ou naissance, et leur décroissement par vente, consommation ou mort, il est préférable peut-être de n'avoir qu'un seul tableau pour le personnel des quatre comptes d'attelages, bergerie, vacherie et basse-cour, puisqu'à l'aide des colonnes intérieures on peut prévenir la confusion et distinguer ce qui concerne chacune de ces industries.

Tout ce que nous avons dit aux tableaux précédents s'applique à chacune des colonnes de celui-ci.

On écrit toutes les entrées d'animaux à leur date et l'on en porte le chiffre dans la colonne qui concerne chaque espèce; on additionne à la fin du mois ou de l'année, quand on veut, *horizontalement* et *verticalement;* le total est le même dans les deux sens, s'il n'y a pas d'erreur.

La sortie est absolument semblable à l'entrée; dès qu'il sort un animal, il faut le noter, à sa date, à la sortie et placer le chiffre dans la colonne destinée à son espèce. L'addition de ces chiffres *horizontalement* et *verticalement* donne le même total; et la différence entre les deux totaux des deux colonnes, portant le même intitulé à l'entrée et à la sortie, fait reconnaître ce qui reste en animaux de chaque espèce.

Au surplus, ce sont des livres dont on peut se passer

N° 12. — AUTRES MODÈLES DE TABLEAUX RELATIFS

VACHERIE.   **Production du Lait.**

NUMÉROS ET NOMS DES VACHES.		Lundi.	Mardi.	Mercredi.	Jeudi.	Vendredi.	Samedi.	Dimanche.	TOTAL.	TRAITES de la semaine.	OBSERVATIONS.
1 Jeanne	matin.	4	2	5	4	4	3	4	25		
	soir.	3	1	3	2	5	4	2	20	46	
2 Marie . .	matin.	4	5	3	4	4	3	3	26		
	soir.	4	4	4	4	5	5	3	29	55	
3 La'Rousse.	matin.	3	5	4	3	6	3	2	23		
	soir.	2	5	3	4	4	3	3	22	45	
4 La Noire . .	matin.	5	4	4	4	4	5	4	30		
	soir.	4	5	3	4	4	4	5	29	59	
		29	27	20	29	35	30	26	»	205	

BASSE-COUR.   **Production.**

DATES.	DÉSIGNATION.	ŒUFS.	QUANTITÉS.	OBSERVATIONS
	Poules			
	Coqs			
	Canards			
	Canes			
	Dindons			
	Porcs			
	Pigeons			

Si l'on voulait ouvrir un tableau plus détaillé pour la vacherie et la laiterie, on pourrait le disposer sur

à la rigueur si l'on note avec exactitude les achats et ventes, les naissances et morts, en un mot les entrées et sorties des animaux sur le *mémorial-caisse*.

A LA VACHERIE, A LA LAITERIE ET A LA BASSE-COUR.

SORTIE.

DATES.		LAIT.		FROMAGE.		BEURRE.		QUANTITÉS.	PRIX	OBSERVATIONS.
		consommé.	vendu.	consommé.	vendu.	consommé.	vendu.			
Lundi 1.	Recueilli 29 litres.	8	0	5	»	9	»	29		
Mardi 2.	— 27 —	7	0	4	»	7	»	27		
Mercredi 3.	— 29 —	7	8	6	»	9	»	29		
Jeudi 4.	— 29 —	6	8	7	»	8	»	29		
Vendredi 5.	— 35 —	8	9	9	»	9	»	35		
Samedi 6.	— 30 —	7	8	7	»	8	»	30		
Dimanche 7.	— 26 —	6	0	4	»	7	»	26		
		49	60	39	»	57	»	205		
	Prix									

SORTIE.

DATES.	SORTIES.	Poules.	Coqs.	Canards.	Canes.	Dindes.	Porcs.	Pigeons.	Œufs.	QUANTITÉS		OBSERVATIONS.

l'*Auxiliaire général*, comme il est indiqué dans les modèles ci-dessus, donnés de surcroît.

N° 13. — TABLEAU AUXILIAIRE DES RÉCOLTES.

Récoltes.   **Entrées.**

DATES		PROVENANCES des RÉCOLTES, avec désignation des champs et parcelles.	BLÉ	SEIGLE	AVOINE	ORGE	TRÈFLE	LUZERNE	SAINFOIN	VESCE	BISAILLE	POMMES DE TERRE	BETTERAVES	CAROTTES	COLZA	CHANVRE	PRÉS	TOTAL DES QUANTITÉS
			d'hiver :		*d'été :*		*artificielles :*			*annuels :*								
Avril	21	Sainfoin (1re coupe) du Rocher							3,000								9,000	
»	»	Id. de la Galoppe							1,000								6,000	
Mai	1er	Trèfle (1re coupe) du Raveau					2,000										5,000	
»	15	Luzerne de Solon						1,500										
»	»	Id. de la Carenne						1,500										
Juin	15	Foin (1re coupe) du Château															9,000	
»	»	Id. du Murget															6,000	
»	»	Id. du Pré-l'Évêque															5,000	
Juill.	10	Seigle de la pièce Dubois		11,000														
»	»	Id. de la Galoppe		15,000														
»	20	Vesce								20,000								
»	»	Bisaille									10,500							
»	31	Colza du Vallon													6,000			
»	»	Id. des Allées													4,500			
Août	10	Blés du Pont-Saint-Denis	10,000															
»	»	Id. du Petit-Murget	16,000															
»	»	Id. du Grand-Chêne	6,500															
»	20	Sainfoin (2e coupe)							2,500									
»	21	Trèfle					1,200											
»	25	Avoine de Favereau			14,000													
»	»	Id. du Murget			9,000													
»	26	Orge				4,000												
»	31	Luzerne (2e coupe)						5,200										
Sept.	20	Foin regain (2e coupe)															12,000	
Oct.	30	Pommes de terre du champ										8,000						
»	»	Id. du verger										2,000						
»	31	Chanvre														1,200		
Nov.	10	Betteraves du Chêne											4,000					
»	»	Carottes de la plaine												5,000				
			32,500	26,000	23,000	4,000	3,200	8,200	6,500	20,000	10,500	10,000	4,000	5,000	10,500	1,200	32,000	202,000
		(sous-totaux)	58,500		27,000		17,900			30,500		19,000			11,700		32,000	

Sorties.

QUANTITÉS à porter à l'entrée des comptes ouverts sur le livre de magasins.			PRIX de revient de chaque récolte ou solde des comptes espèce.
CÉRÉALES D'HIVER.			
BLÉ. En meule, n° 1	3,000		
Id. 2	3,500		
Id. 3	6,000		
En grange, n° 7	8,000		
Id. 3	12,000	32,500	17,950
SEIGLE. En meule	16,000		
En grange	10,000	26,000	
		58,500	9,455
CÉRÉALES D'ÉTÉ.			
AVOINES. En meule, n° 1	8,000		
Id. 2	7,000		
Id. 3	6,000		
En grange, n° 5	1,000		
Id. 6	1,000	23,000	7,790
ORGE. En grange, n° 7	4,000	27,000	3,900
PRAIRIES.			
TRÈFLE. 1re coupe	2,000		
— 2e coupe	1,200		1,985
LUZERNE. 1re coupe	3,000		
— 2e coupe	5,200		
— 3e coupe	9,000		3,040
SAINFOIN. 1re coupe	4,000		
— 2e coupe	2,500	17,000	2,100
FOURRAGES.			
VESCES. En meule	10,000		
— En grange	10,000		
BISAILLE. En grange	4,000		
— En meule		30,500	7,032
RACINES.			
POMMES DE TERRE. Cave n° 1	10,000		
BETTERAVES. Cave n° 2	4,000		
CAROTTES. Cave n° 3	5,000	19,000	6,775
PLANTES COMMERCIALES.			
CHANVRE	1,200		
COLZA	10,500	11,700	(1)
PRÉS.			
FOINS. 1re coupe	20,000		
— 2e coupe	12,000	32,000	(1)
		202,000	61,680

(1) Ce tableau a été imaginé surtout pour les écritures en partie double; Il y a ici absence de sommes parce que, dans notre grand-livre modèle, on n'a pas ouvert les comptes de *prés* et de *plantes commerciales*, tous ces détails concernent la tenue des livres en partie double à laquelle se rapporte ce tableau.

On ouvre sur *l'auxiliaire général* un tableau de la récolte de l'année où l'on note toutes les récoltes partielles obtenues dans les divers champs; il sert à créditer les tableaux ouverts à chaque culture, chacun de sa portion de la récolte générale, portion qui se compose elle-même des récoltes partielles obtenues dans les diverses pièces de terre dont la sole est formée.

Dans ce tableau, les principales colonnes doivent être intitulées du nom dont on a fait choix pour les diverses cultures (qui sont ici *céréales d'hiver*, *céréales d'été*, *prairies artificielles*, *fourrages annuels*, *racines*, *plantes commerciales* et *prés*). Ces colonnes sont subdivisées en plus petites colonnes portant le nom des denrées comprises dans ces comptes ou sous ces dénominations générales.

On doit remarquer que, l'espace manquant pour les nombreuses colonnes de *l'entrée*, on a dû empiéter sur le feuillet droit, ordinairement réservé tout entier à la *sortie;* mais dans cette exception, nous avons pris diverses précautions d'arrangement, entre autres celle de rompre le niveau des lignes de l'entête pour prévenir toute confusion.

Par les additions faites *horizontalement* et *verticalement*, qui donnent dans les deux sens un même total à l'entrée, et, de plus parfaitement semblable à celui de la sortie, on obtient notre moyen de contrôle et de vérification habituel; la colonne *quantités* où sont confondus des nombres d'unités de différentes natures, donne un total sans unité commune, mais qui sert suffisamment pour arriver à cette utile vérification.

On voit à l'entrée ce que chaque champ a produit de récoltes en particulier, et, le chiffre de la récolte de chacun étant placé dans la colonne de la sole dont il fait partie, on trouve par l'addition de cette colonne le total des récoltes de même nature, ou de la sole de l'année.

On doit voir que le compte de *prairies artificielles* comprenant le trèfle, la luzerne et le sainfoin, renferme trois petites colonnes, intitulées de ces noms, additionnées chacune en particulier, mais dont les totaux partiels sont réunis en un seul total placé au-dessous, au milieu de la colonne ouverte à cette culture ; ce qui n'a pas lieu pour celui des *prés* qui est sans subdivisions.

On peut remarquer, en outre, que tous les intitulés des colonnes grandes ou petites et leurs totaux correspondent tous ou se balancent avec les noms et les totaux figurant à la sortie.

Ce tableau de sortie sert pour ouvrir en égal nombre les comptes ou tableaux au livre de magasins et pour y répartir à l'entrée de chacun les quantités qui sortent de celui-ci.

N° 14. — TABLEAU AUXILIAIRE DE CHAQUE CHAMP OU PIÈCE.

DOIT — Champ de la Caille, N° 1.

DATES.	DÉSIGNATION des TRAVAUX DES CHAMPS	Engrais.	Labours.	Semences.	Hersage.	Main-d'œuvre.	Divers.	QUANTITÉS.	OBSERVATIONS.

Doit — Pièce du Pont-Saint-Remin, N° 2.

Doit — Terre du Chemin de Soissons, N° 3.

AVOIR.

DATES.	RÉCOLTES OBTENUES	QUANTITÉS.	OBSERVATIONS

AVOIR.

AVOIR.

On peut ouvrir sur l'*Auxiliaire général agricole* un compte ou tableau à chaque champ, comme le conseillait Thaër. Pour simplifier, nous n'avons ouvert que des

[1] On comprend que dans la pratique on ne met plus l'intitulé de ces colonnes à chaque compte de champs, pas plus qu'on ne met *sommes* en tête de la colonne ordinaire des sommes; la colonne des dates, l'espace pour les désignations, la colonne des quantités et celles des observations s'expliquent d'elles-mêmes; il ne restent donc plus qu'à placer au haut de la page du registre l'intitulé des petites colonnes étroites, qui servira pour toute la page, et encore, la réglure allant d'une extrémité de la feuille à l'autre, on pourrait intituler ces colonnes en dehors même du tableau, tout en haut de la page, ce qui suffirait pour toute cette page, où l'on pourrait ouvrir un compte à cinq ou six champs.

tableaux aux diverses natures de culture par soles qui comprennent plusieurs champs, par ce que tous ces champs doivent dans l'année produire une denrée de même nature dont nous recherchons le prix de revient; mais rien n'empêche d'ouvrir ici, sur notre registre auxiliaire, un tableau, si nous le voulons, à chaque champ, ainsi qu'il suit :

On porte à l'entrée de ce compte ou tableau, à leur date, tous les articles qui entrent pour ainsi dire dans le champ, comme fumiers, labours, semences, travaux, etc., au même moment qu'on porte ces mêmes articles à la sortie

de leur compte ou tableau. Ainsi, quand on transporte
du fumier sur le champ, cela est noté d'abord à la sortie
du tableau des fumiers, et ensuite on le fait entrer au
débit du champ; il en est de même pour la main-d'œuvre
et pour les travaux des attelages, ils sont notés à la sortie du tableau ouvert à chacune de ces dépenses, et en
même temps on vient porter ces articles au débit du
champ. Tout sur ce registre suit le mouvement d'entrée
et de sortie dont nous avons parlé, jusqu'à la vente ou
la consommation.

Nº 15. — TABLEAUX AUXI LIAIRES DES COMPTES COURANTS.

Rien n'empêche que sur le même registre, l'*Auxiliaire général*, on n'ouvre des comptes aux particuliers avec lesquels on fait des affaires assez fréquentes
pour nécessiter un compte; on peut aussi en ouvrir à des
classes d'individus, sous la dénomination collective de
débiteurs divers, de créanciers divers, de fournisseurs,

Quant à l'*avoir* ou sortie de ce tableau, on y noterait
tous les produits qui en sortent à leur date, et après la
moisson, on y noterait également la quantité en récoltes
qu'il a produite; en même temps qu'on note ces sorties à
ce compte ou tableau, on porterait à l'entrée du tableau
général des récoltes, les quantités obtenues; on prati-
querait ainsi le principe déjà donné pour la tenue de ce
registre : *rien ne peut entrer à un tableau sans sortir d'un autre, on ne peut sortir d'un tableau sans entrer
dans un autre.*

d'ouvriers, de domestiques, etc. Ceux-là sont tenus
comme tous les comptes par débit et crédit, avec des
colonnes de francs et centimes; ils font partie de la
comptabilité-espèces, et l'ensemble de tous les comptes
représente le livre auxiliaire de *comptes courants*, en
usage dans toutes les industries.

N° 10. — MODÈLE DU LIVRE AUXILIAIRE DU MÉMORIAL-CAISSE.

DATES.		Entrée.	MÉMORIAL.	CAISSE.
			fr.	fr.
Janvier.	1	Arg. en caisse, effets en portef., ... (Articl. extr. de l'inv.)	5,700	8,000
	2	Reçu en espèces, pour vente de 150 hect. blé. . . Magasin.	. . .	5,000
	5	Reçu à compte d'Antoine. . . . . . Débiteurs divers.	. . .	1,000
	»	De Gratien, p. vente ci-contre, S./B. à M./O. au 20 juill., p. porcs.	500	
	7	Reçu p. vente au marché, de volaille, œufs, etc. . Basse-cour.	. . .	80
	8	Acheté en compte 100 hect. blé, à Siry. . . . Crédit Siry.	2,000	
	»	Id. 100 hect. avoine, à Gautier. Id. Gautier.	1,800	
	10	Reçu en espèces, p. vente au compt. d'avoine, orge. Magas n.	. . .	1,400
	»	Reçu pour solde de compte de Jean. . . Débiteurs divers.	. . .	1,100
	12	Acheté en M./Bill. ci-cont. à Renaudin, 2 chev. de trait. Attelages.	900	
	»	Id. Id. 2 vaches. . . . Étable.	550	
	»	Acheté en compte à BARACHE : Créanciers divers.	. . .	
	»	100 moutons. . . . . Troupeau.	1,500	
	»	Reçu en espèces, pour vente de toisons. . . . Troupeau.	. . .	4,060
	11	Acheté à Moutier 100 hecto. seigle, payé en M./B. Magasin.	1,400	
	»	Reçu de Lebel, p. la vente ci-cont., S./B. à M./O. au 16 avril.	1,700	
	15	Reçu en espèces, pour vente au marché. . . Basse-cour.	. . .	70
	»	Id. pour un veau et le lait. . . . . Étable.	. . .	100
	»	Consommation de la quinz., sortie des magas., suiv. tableaux :		
		Id. du ménage (voir détail au tableau, n° 6). . .	1,120	
		Id. des attelages, vivres. . id. (1) 5.	400	
		Id. de l'étable vaches. . id.	200	
		Id. du troupeau, id. . . id.	500	
		Id. de la basse-cour, id. . . id.	130	
				18,750

Ce livre auxiliaire, dont nous avons déjà parlé page 10, est le plus important de la comptabilité-espèces, et celui par lequel nous remplaçons dans les écritures les nombreux livres auxiliaires en usage chez les commerçants.

1 Ces chiffres sont autres que ceux des tableaux; ils devraient être les mêmes.

DATES.		Sortie.	MÉMORIAL.	CAISSE.
			fr.	fr.
Janvier.	1	Effets à payer, ... (Articl. extraits de l'inv.)	5,100	
	»	Acheté au comptant 600 hect. avoine. . . . . Magasin.	. . .	1,000
	»	Vendu en compte, à Mélin, 3 veaux, Cte. Étable. Débiteurs div.	180	
	»	Vendu à Gratien, contre un règlement, porcs, etc. Basse-cour.	500	
	»	Acheté au comptant, 60 moutons. . . . . Troupeau.	. . .	1,100
	»	Payé, pour solde, le compte de Siry. . . . Créanc. div.	. . .	2,000
	»	Acheté cendres de Picardie. . . . . . . Engrais.	. . .	150
	»	Payé aux impositions . . . . Frais génér.	. . .	100
	»	Dépensé pour le. . . . . Ménage.	. . .	50
	12	Réglé Renaudin, l'achat ci-contre en M./B à S./O., au 31 juillet.	1,450	
	»	Acheté au comptant, charriot et harnais. . . . Attelages.	. . .	1,200
	»	Vendu 10 hect. blé à PAUL. . . . . . 220 fr.		
	»	20 avoine, à LENAUX. 160		
	»	200 de fourrages, à GARNIER. . . . 60 Débit. div.	440	
	»	Vendu à Lamarque, en compte, 10 mille luzerne. . Magasin.	1,200	
	»	Achats divers pour le. . . . . Ménage.	. . .	35
	»	Payé pour 8 hect. belle semence d'avoine. . Céréales d'été.	. . .	100
	14	Vendu à Lebel 100 h. orge, qu'il m'a réglé en S./B. ci-contre.	1,700	
	»	Réglé l'achat ci-contre, à Moutier, en M/B. à S./O., au 15 janv.	1,500	
	15	Payé la quinz. aux ouvr., suiv. tabl. auxil. n° 2. Main-d'œuvre.	. . .	120
	«	Ventes en Cte ou sortie des. . . . . . . Magasins.	. . .	
		à PAUL, de 10 hectol. . . . . Blé.	8,000	
		à LENAUX, de. . . . . Avo'n.	3,040	
		à GARNIER, de. . . . . Fourrage.	5,000	
				5,605

La page gauche est l'ENTRÉE du mémorial-caisse, celle de droite en est la SORTIE, et ces deux pages en regard sont réglées d'une manière toute semblable : 1° une colonne des dates; 2° un large espace pour les explications, et à la suite, deux colonnes : la première intitulée *mémorial* et la seconde *caisse*.

Tout l'argent reçu, quel qu'en soit le motif, est écrit à l'ENTRÉE du *mémorial-caisse*, en plaçant les sommes dans la colonne *caisse*.

Au contraire, tout l'argent payé, à quelque titre que ce soit, est écrit à la SORTIE du *mémorial-caisse*, et les sommes sont placées dans la colonne *caisse*. Ainsi le *mémorial-caisse*, au moyen de cette colonne de caisse, sert de livre de caisse.

Tous les effets à recevoir ou à payer et autres valeurs semblables qui *entreront* d'une manière quelconque seront inscrits à l'*entrée*, et les sommes placées dans la colonne *mémorial*.

Tous les effets à recevoir ou à payer et autres valeurs semblables qui *sortiront*, devront être inscrits à la SORTIE et les sommes placées dans la colonne *mémorial*.

Tous les achats que l'on a faits à terme sont écrits à l'*entrée* et les sommes placées dans la colonne *mémorial*. Les ventes ou sorties par consommation sont inscrites à la *sortie*, et dans la colonne *mémorial*.

En un mot, on a écrit tous les articles quelconques par *entrée* et *sortie* sur le *mémorial-caisse*, de manière que les sommes soient placées, pour celles d'argent, dans les colonnes de *caisse*, et, pour toutes les autres, dans les colonnes *mémorial* [1].

---

[1] A l'aide d'une troisième colonne, intitulée *comptes courants*, ajoutée au mémorial-caisse, on peut tenir d'une manière très-abrégée une multitude de comptes de particuliers; mais dans la culture on a peu de correspondants, et comme d'ailleurs nous avons réduit le nombre de ces comptes par les comptes collectifs de *débiteurs divers* et *divers créanciers*, cette colonne abréviative n'est pas utile dans la culture et nous l'avons supprimée dans notre mémorial-caisse : cependant les agriculteurs dont l'industrie exceptionnelle exigerait une multitude de comptes courants, trouveront l'explication de cette méthode abrégée dans mon *Traité de comptabilité générale*, 25ᵐᵉ édition, page 220.

Dans le tableau suivant, le premier article, à l'entrée, est l'argent en caisse et les effets en portefeuille, dont le chiffre est extrait de l'inventaire; et à la sortie, les effets à payer en circulation sont le premier article, extrait de l'inventaire.

Les achats et ventes au comptant figurent nécessairement sur ce registre dans la colonne de caisse, par suite des mouvements d'entrée et de sortie de numéraire auxquels ils donnent lieu; mais on y fait figurer aussi, comme on peut le remarquer, les autres achats et ventes à terme, soit qu'on les ait réglés en billets, soit qu'on les porte en compte.

On doit remarquer qu'on y a noté aussi les montants de la consommation pendant la quinzaine, du ménage, des attelages, de l'étable, du troupeau et de la basse-cour, quoique ces consommations aient été déjà inscrites dans des tableaux spéciaux; c'est une répétition qui a ses avantages, mais qu'on peut supprimer ici.

Il en est de même des ventes à terme ou sorties de magasin; on pourrait à la rigueur se dispenser de les noter au mémorial-caisse en les posant directement à la sortie du livre de magasins; mais il semble préférable que tout soit noté en abrégé sur le mémorial-caisse, qui devient ainsi un registre qui résume tout.

Les comptes généraux qui doivent être débités ou crédités sont indiqués en *italique* à chaque ligne, mais on comprend que cette préparation indispensable en partie double, n'est pas utile ici et peut se supprimer.

BILAN OU INVENTAIRE GÉNÉRAL

DE

LEBEL, CULTIVATEUR,

ARRÊTÉ AU 31 DÉCEMBRE 186....

ACTIF.

Denrées en granges, greniers, meules, etc.

(Ici les détails des quantités, qualités et prix qu'on cote soit au prix coûtant, soit au prix de revient présumé) . . . . . fr. 58,395 c. 40

Attelage.

Animaux.		Report. . . . 9,000		
Bœufs, chevaux (*dé-tailler*)	8,000	Harnais, voitures, charrues, herses, etc. (*détailler*) . . .	6,000	15,000 »
Mulets, ânes, *idem* . .	1,000			
	9,000			

Il faut estimer ces objets à 'eur valeur réelle, sans illusion, dit Thaër. Ajoutons en tenant compte, dans cette estimation, de l'âge et du degré d'usure de chaque objet.

Vacherie.

		Report. . . . 3,670		
Animaux (*en dire le détail*)	3,670	Matériel spécial (*dé-tailler*)	330	4,000 »

Estimation comme il est dit ci-dessus.

Troupeau.

		Report. . . . 9,500		
Animaux (*les détail-ler*)	9,500	Matériel spécial (*dé-tailler*)	500	10,000 »

Estimation comme ci-dessus.

Basse-cour, porcherie, poulailler, etc.

		Report. . . . 1,170		
Animaux (*les detai'-ler*)	1,170	Matériel spécial (*dé-tailler*)	330	1,500 »

A reporter. . . 88,895 40

Report.	88,895	40

Engrais.

Dire le détail des engrais et les estimer au prix coûtant ou au prix de revient présumé	3,000	»

Emblavures ou avances au sol.

Emblavures du blé représentant les dépenses faites pour la prochaine récolte.	2,000		
Emblavures de l'avoine, id.	1,500		
— des fourrages annuels, des racines, etc., etc. (*entrer dans les détails*).	4,500	8,000	»

Meubles et Immeubles.

Valeur actuelle de mon immeuble (*si l'on est propriétaire*) .	100,000	»
Valeur actuelle de mon mobilier et ustensiles généraux	6,000	»

Débiteurs par compte.

En donner la liste détaillée	4,600	»

Argent en caisse et effets en portefeuille.

En donner la liste détaillée.	11,700	»

Provisions.

Vin, cidre, bois, etc., etc. (*les décrire en détail*).	1,200	»
Montant général de l'actif. . . .	223,395	40

PASSIF.

Effets ou Obligations à payer.

Les noter avec détails	13,100

Créanciers par compte.

En donner la liste . . . . , ...	8,000
Il faut y ajouter les comptes dus au vétérinaire, au charron, au maréchal, au bourrelier, etc., etc. . . .	3,900

Montant total du Passif à déduire de celui de l'Actif.	25,000	25,000	»
Capital net ou excédant de l'Actif sur le Passif	198,395	40

RÉCAPITULATION.

ACTIF.			PASSIF.		
Denrées	58.395	40	Effets et obligations à payer.	13,100	»
Attelages	15,000	»	Créanciers par compte .	8,000	»
Vacherie.	4,000	»	Comptes à payer	3,900	»
Troupeau	10,000	»	Montant du passif. . .	25,000	»
Basse-cour.	1.500	»	En conséquence, mon capital est de	198,395	40
Engrais	3,000	»			
Emblavures	8,000	»			
Meubles et immeubles. .	106,000	»			
Débiteurs par compte. .	4,600	»			
Argent et effets à recev.	11,700	»			
Provisions.	1,200	»			
Montant de l'Actif . .	223,395	40		223,395	40

L'inventaire général est une opération très-importante en agriculture, parce qu'il s'agit de fixer judicieusement le prix de toutes les valeurs dont l'inventaire se compose, après mûres réflexions, et en raison de la marche qu'on a suivi dans l'année, mais toujours de manière à ne favoriser ni appauvrir l'année qui finit aux dépens ou à l'avantage de l'année qui commence.

Nous ne pouvons, ici, dans ce petit extrait, donner tous les développements que comporte la matière, et nous engageons à l'étudier dans notre *Traité complet de Comptabilité agricole* où cette question est approfondie page 175, deuxième édition.

SYSTÈME

DE

COMPTABILITÉ AGRICOLE

EN PARTIE SIMPLE OU DOUBLE

applicable à l'exploitation d'un domaine

dont on veut surveiller tous les détails de son administration sans y résider
et tenir soi-même le résumé de sa comptabilité sans travail continu

---

Nous supposons un propriétaire qui n'habite pas constamment dans ses terres où s'exploitent tous les genres de cultures et même d'industries agricoles.

Homme de loisir ou fonctionnaire public, souvent retenu au dehors par des devoirs ou des occupations quelconques, il ne peut ou ne veut pas s'astreindre à une surveillance personnelle de tous les instants et encore moins s'obliger à un travail assidu pour tenir lui-même la comptabilité de ses affaires agricoles.

Jugeant avec intelligence combien il est profitable à un propriétaire de se rendre un compte sérieux de toutes les circonstances d'une importante exploitation et des diverses branches qui s'y rattachent, il veut absolument organiser l'administration de son domaine de manière à ce que tout marche en son absence comme en sa présence, avec la même régularité, en adoptant un système de comptabilité qui lui permette, en quelques instants, pris à loisir, de résumer l'ensemble des opérations et d'en vérifier aussi les circonstances les plus minutieuses.

Quoiqu'il ait des agents de confiance à son service,

il veut néanmoins, comme dans les administrations publiques, qu'ils soient soumis à une marche régulière, uniforme, et renfermant des contrôles répétés qui ne laissent aucune place durable aux erreurs.

Cette hypothèse posée nous allons indiquer et exposer un système de comptabilité très-facile à suivre une fois organisé, et qui satisfera à toutes les exigences de cette proposition. Ce système a été imaginé par un excellent administrateur, M. le comte de Reviers de Mauny, qui possède le goût et l'esprit de la comptabilité à un très-haut degré; il fait appliquer ce système avec succès dans son domaine d'Ancise.

Les écritures premières de cette comptabilité sont tenues par les agents eux-mêmes à l'aide de feuilles détachées, réglées ou imprimées à l'avance, sur lesquelles ils doivent inscrire les notes ou écritures de leurs opérations dans un ordre uniforme et tracé à l'avance par des colonnes.

Ces feuilles détachées pourront suivre le propriétaire ou lui être régulièrement adressées partout où il se trouvera; de sorte qu'il sera non-seulement tenu au courant de tout ce qui se fait en son absence, jour par jour, mais en outre, il pourra tirer lui-même en quelques instants, comme on va le voir, et quand il lui plaira, de ces feuilles réunies en cahiers ou registres, tous les résultats partiels et généraux qui lui seront utiles.

Il y a mieux, si ce propriétaire veut pousser plus loin l'exactitude, il lui sera facile, avec ces feuilles auxiliaires, de former un journal en partie double, et d'obtenir par conséquent les résultats d'une exactitude mathématique que cette méthode a seule le privilége de donner.

Revenons à l'hypothèse admise d'un domaine qui comprend tous les genres de culture et d'industrie agricole.

Il faut commencer par en diviser l'administration et les écritures premières entre trois ou quatre agents principaux, qui pourront avoir des sous-agents ou facteurs subordonnés à leurs ordres s'il était nécessaire.

L'un désigné sous le nom de *chef de culture*, sera spécialement chargé de tout ce qui a trait à la culture des terres, et il devra tenir lui-même les écritures relatives à ses opérations, sur une feuille détachée dont on va donner le modèle.

Un autre agent principal, sous le nom de *garde forestier*, tiendra, sur une autre feuille semblable, les écritures concernant les bois et forêts, dont on lui a donné la surveillance et la direction.

Un troisième nommé *contre-maître*, qui dirigera les usines, en tiendra les écritures sur une feuille particulière.

Enfin, le quatrième qui s'appellera *agent général* ou de tout autre nom, devra s'occuper de tout ce qui ne sera pas compris dans les attributions des trois agents généraux précédemment dénommés et en tenir note sur une quatrième feuille séparée.

Ces feuilles sur lesquelles chaque agent inscrit lui-même toutes les opérations dont il est chargé, leur ont été remises à cet effet et disposées en colonnes, de manière qu'il n'y a plus, pour l'agent, qu'à y placer ses notes. Elles se trouvent par là rangées dans un ordre uniforme et constant, dont les agents ne peuvent s'écarter.

Ainsi le propriétaire échappe à tout le travail des premières écritures, en l'imposant à ceux-là mêmes auxquels il doit naturellement incomber, c'est-à-dire à chaque agent général, pour les opérations de la partie de l'exploitation qui lui est attribuée.

Le résumé des opérations des sous-agents ou facteurs, doit aussi être inscrit dans ces feuilles dont le modèle suit :

DOMAINE D'ANCISE.

Journal de   18 .

Folios du G^d-Livre.	COMPTES		N° des Pièces	DÉTAILS DE L'OPÉRATION	SOMMES
	Débiteurs	Créanciers			

On remarque d'abord une double colonne avec l'entête *comptes* surmontant une accolade; elle est partagée en deux parties, intitulées l'une *débiteurs* et l'autre *créanciers*. C'est une colonne d'attente, réservée pour y placer plus tard les *comptes débiteurs* et *créanciers* de la partie double; cette colonne ne concerne pas l'agent, qui doit passer dessus et la laisser en blanc.

Cette première double colonne est suivie d'un large espace pour les explications dans lequel le chef de culture, le garde forestier, le contre-maître ou l'agent général doit écrire le détail de chacune de ses opérations, dont il sort le montant dans la dernière colonne des francs et centimes.

Chacune de ces quatre feuilles est certifiée et envoyée, avec pièces à l'appui, par chacun des agents qu'elle concerne, régulièrement tous les mois ou toutes les semaines ou plus souvent, au propriétaire, qui les réunit sous une même enveloppe en cahier ou en registre ; ces feuilles premières formeront ainsi son journal mémorial en partie simple; il n'en aura pas d'autre; et même, pour épargner le travail, il deviendra le *journal en partie double*, au moyen de la colonne réservée pour y inscrire les comptes débiteurs et créanciers indispensables dans cette méthode.

Il est évident que la collection de ces feuilles détachées formera exactement un *mémorial* en partie simple et même le *journal* en partie double, sans aucun travail pour le propriétaire autre que l'annotation si rapide, dans la colonne réservée, du compte-débiteur et du compte-créancier, opération de raisonnement qui seule demande l'intelligence de cette méthode, et il ne lui restera plus qu'à remettre ce journal à un scribe ordinaire pour faire le transport des articles au grand-livre, travail machinal qui ne présente pas la moindre difficulté.

C'est le lieu d'ajouter ici que dans ces feuilles de journal-mémorial sur lesquelles chaque agent principal doit rendre son compte, il est tenu d'insérer en outre le résumé des opérations plus minutieuses des sous-agents ou employés subalternes, auxquels on a confié la vente en détail des produits du domaine et le soin des rentrées à en provenir.

Ces sous-agents ou facteurs doivent à leur tour et comme les agents principaux, tenir des notes régulières de leurs opérations, non plus sur des feuilles détachées, mais sur un cahier ou livre uniforme dressé pour eux, afin de les guider dans leur gestion et le compte qu'ils ont à rendre; nous décrirons avec soin les dispositions de ce livre, nommé *sommier*, qui renferme plusieurs moyens de contrôler les ventes et les recettes les plus minimes, parce qu'on peut appliquer cet auxiliaire à d'autres industries que l'agriculture.

Du sommier de vente ou

On suppose qu'on a chargé un sous-agent ou facteur de la vente en détail, par exemple, des bois. Dans ce

DOMAINE D'ANCISE.   SOMMIER

BULLETIN A DÉTACHER

RÉGIE DE LA TERRE D'ANCISE

	Reports	Sommes dues
Ancise, le ____ 18 . Sommier N° F° ex. 18 . vendu à Pierre ____ la quantité de 100 *bourrées* 45 enlevé par le voit^r	N° 1 le ____ 18 . vendu à Pierre demeurant à *Saint-Hilaire* la quantité de 100 *bourrées* à enlevé par le voiturier Jacques	45 " "
Ancise, le ____ 18 . Sommier N° F° ex. 18 . vendu à la quantité de 50 *margotins* 40 enlevé par ____	N° 2 le ____ 18 . vendu à demeurant à ____ la quantité de 50 *margotins* à enlevé par ____	40 " "
Ancise, le ____ 18 . Sommier N° F° ex. 18 . vendu à la quantité de 10 *chevrons* 10 enlevé par ____	N° 3 le ____ 18 . vendu à demeurant à la quantité de 10 *chevrons* à enlevé par	10 " "
Ancise, le ____ 18 . Sommier N° F° ex. 18 . vendu à la quantité de enlev par ____	N° 4 le ____ 18 . vendu à demeurant à la quantité de ____ enlevé par	

On remarque au premier aspect, lorsque ce livre est ouvert, qu'il est partagé en quatre colonnes ou divisions principales.

La *première* division ou colonne, destinée à être détachée du sommier, n'est en quelque sorte que la répétition du contenu de la seconde.

livre des sous-agents.

cas, on lui remet le registre à souche nommé *sommier de vente*, dont voici le modèle :

N°   DE VENTE   F° 7

Margotins	Bourrées	Chevrons								
	100									
50										
		10								

VERSO DU BULLETIN A DÉTACHER

NOTA. 1° Le présent bulletin doit être conservé par l'acheteur et représenté par lui, dans le cas où il deviendrait nécessaire de justifier des conditions de la vente.
2° Il n'est rien dû au Facteur au-dessus du prix marqué sur le bulletin de vente et sur la souche.

NOTA. 1° Le présent bulletin doit être conservé par l'acheteur et représenté par lui, dans le cas où il deviendrait nécessaire de justifier des conditions de la vente.
2° Il n'est rien dû au Facteur au-dessus du prix marqué sur le bulletin de vente et sur la souche.

NOTA. 1° Le présent bulletin doit être conservé par l'acheteur et représenté par lui, dans le cas où il deviendrait nécessaire de justifier des conditions de la vente.
2° Il n'est rien dû au Facteur au-dessus du prix marqué sur le bulletin de vente et sur la souche.

NOTA. 1° Le présent bulletin doit être conservé par l'acheteur et représenté par lui, dans le cas où il deviendrait nécessaire de justifier des conditions de la vente.
2° Il n'est rien dû au Facteur au-dessus du prix marqué sur le bulletin de vente et sur la souche.

La *seconde* division (et par conséquent la première, d'après ce qui vient d'en être dit), contient les détails des ventes effectuées par le facteur, chacune dans un petit carré, qui porte *numéro* d'ordre, la *date* de la vente, le *nom* de l'acheteur, sa *demeure*, précédés du mot *vendu à*......, *demeurant à*......., *la quantité de*........, au *prix de.......*, *enlevé par.......*, *voiturier.....*, et à la suite, une colonne où doit être placée la somme.

La *première* division, comme on l'a déjà dit, n'est que le double des conditions et circonstances de la vente inscrite dans la seconde division. Ce double qui se trouve séparé de la seconde division ou de l'original de la vente par un talon, doit en être détaché avec des ciseaux, pour être remis à l'acheteur; ce dernier est averti de garder ce double, par l'avis ou le *nota* qui se trouve inscrit au dos, conçu dans les termes inscrits au modèle.

On comprend que ce double donné à l'acheteur peut être utile en diverses circonstances et pour les réclamations ou vérifications.

La *troisième* partie de ce sommier ou registre à souche est une espèce de classeur pour les *quantités*, divisé en autant de colonnes qu'il y a de nature différentes de produits à vendre par les sous-agents.

Ces colonnes servent donc à classer dans chacune selon son intitulé les quantités vendues de chaque espèce de produits.

Ce classeur sert : 1° à contrôler par l'addition des quantités portées dans chacune des colonnes, l'état général de rendement d'une coupe ou vente de chaque année ;

2° A vérifier certaines feuilles mensuelles de chaque ouvrier à façon, car le total des sommes obtenues par l'addition des colonnes de tous les classeurs doit concorder, en y ajoutant les existences invendues, avec les totaux de chaque espèce de produits obtenus dans la coupe, lesquels ont été inscrits en note sur un état de rendement de chaque vente.

Enfin la *quatrième* et dernière division, n'est de fait que le revers ou verso des bulletins à détacher, formant la première division, sur lequel verso est inscrit le nota qui existe au modèle.

Ce registre à souche devient un *sommier* d'une dimension réduite de moitié, lorsqu'on en a détaché les bulletins placés à sa gauche et à sa droite, formant les première et quatrième divisions du registre primitif que nous avons considéré comme étant ouvert.

Ainsi donc, chaque facteur ou chaque agent, chargé de la vente d'une coupe ou de plusieurs coupes de bois, reçoit le sommier de vente qu'on vient de décrire, sur lequel il est tenu de noter les ventes qu'il opère avec toutes leurs circonstances. On peut y inscrire lors de la remise du sommier, les quantités qu'il prend en charge et les conditions de vente qui lui sont prescrites.

A la fin de la vente de la coupe ou à toute autre époque, au gré du propriétaire, ce dernier arrête le sommier, au bas de la feuille, par un règlement en quantités, prix et sommes, conçu en ces termes :

« Il est dû par le sommier de vente n° *tel* (21 par » exemple), fr. 2,170 86, suivant troisième règlement, » f° 9 de ce sommier, pour vente de bois de la coupe » de 18... »

Cet arrêté une fois écrit sur le sommier, il faut en inscrire le résumé dans la feuille *journal*, déjà décrite, tenue par les agents principaux, ainsi que nous l'avons dit précédemment.

Cette somme de fr. 2,170 86 est portée en partie double au débit du compte *sommier*, n° 21. D'autres règlements successifs viendront accroître le débit de ce compte ou de ce facteur; car le sommier est représenté par un facteur responsable ou plutôt représente ce facteur.

Il faut que cette somme de fr. 2,17) 86 qui ne rentre le plus souvent que partiellement, soit plus tard balancée par les recettes qu'on opère par à-comptes, et dont on crédite au fur et à mesure des rentrées le même *sommier*, n° 21.

Du sommier

DOMAINE D'ANCISE. SOMMIER

REÇU A DÉTACHER	ADMINISTRATION DU DOMAINE D'ANCISE		Sommes reçues
		Reports. . . .	
Ancise, le 18 . Q⁰ᵉ de fr. 40 (Sommier N° F° N° au 18) Reçu de M. Pierre la somme de pour	N° 1 le 18 . Reçu de Pierre demeurant à Saint-Hilaire la somme de *quarante francs* pour vendues par sommier N° F° de l'ex. 18 .		40 » »
Ancise, le 18 . Q⁰ᵉ de fr. 30 (Sommier N° F° N° an 18) Reçu de la somme de pour	N° 2 le 18 . Reçu de demeurant à la somme de *trente francs* pour		30 » »
Ancise, le 18 . Q⁰ᵉ de fr. 100 (Sommier N° F° N° an 18) Reçu de la somme de pour	N° 3 le 18 . Reçu de demeurant à la somme de *cent francs* pour		100 » »
			170 » »

Ce livre, étant ouvert, est divisé, comme le sommier des ventes, en quatre parties.

La première, bulletin à détacher, porte le reçu de la

de recettes.

Pour tenir note de ces rentrées, on a des *sommiers de recettes*, livres auxiliaires semblables aux *sommiers de vente*, sauf quelques légères différences de forme, que voici :

N° 5 DE RECETTE. F°

NUMÉROS DES SOMMIERS EN RECOUVREMENT										VERSO DU REÇU RESTANT EN BLANC
21	18	1 6								
40										
30										
	100									
40	30	100								

somme versée par l'acheteur avec toutes les indications de détail nécessaires.

La deuxième, est la souche, reproduisant exactement les circonstances de ce reçu qu'on vient de détacher et de remettre à celui qui paie.

La troisième, est un classeur, divisé en colonnes dont chacune porte le numéro des sommiers de ventes qui sont en recouvrement.

Quant à la quatrième, ce n'est que le verso, qui reste en blanc de la première partie, c'est-à-dire du bulletin ou reçu à détacher du sommier pour être remis à celui qui paie.

Ce classeur facilite la répartition de la somme totale encaissée, entre les différents sommiers débiteurs en recouvrement, dont il s'agit de créditer les comptes de ces recettes puisqu'on les a débités du montant des ventes.

Les sommiers de recettes comme les sommiers de ventes sont arrêtés, à toute époque, à la volonté du propriétaire, en ces termes :

Arrêté à la somme de 170 fr, à porter au compte des sommiers, n°   f°   , laquelle somme j'ai reçue en espèces dont quittance.

Il faut insérer le résultat de cet arrêté des sommiers de recette dans la feuille détachée du journal de l'agent général, ainsi qu'il suit :

« REÇU DU SOMMIER *n° tel de recette la somme de* » 170 *fr. à porter au crédit des sommiers suivants :*

  40 *fr. pour le sommier* n° 21.

  30 *id.*   n° 18.

  100 *id.*   n° 16.

Ensemble 170 *fr.*

Et de fait on crédite ces divers sommiers et on rapporte ces sommes au crédit du compte ouvert à chacun d'eux au grand livre.

Les *sommiers de ventes* et *de recettes* sont applicables à la vente de toute espèce de denrées.

Un des avantages de ces sommiers, c'est qu'on peut opérer très-régulièrement des ventes en grand nombre, et aussi minutieuses qu'elles soient, sans le moindre embarras pour la comptabilité centrale ; car les notes qui leur sont relatives seront écrites par le facteur lui-même. On n'a besoin que d'inscrire le total, le résumé ou l'ARRÊTÉ sur la feuille détachée du journal tenue par le principal agent, lorsque le propriétaire lui-même arrête ou fait arrêter ces divers sommiers, aux époques qu'il choisit à son gré; il peut également, à l'aide de ces auxiliaires, suivre et vérifier la série des ventes et des recettes qui se sont opérées dans l'intervalle et si au grand livre le compte d'un sommier ne se balançait pas par appoint, il peut, en consultant ces livres d'aide, retrouver infailliblement l'erreur; enfin si une contestation s'élève avec l'acheteur au sujet des conditions de vente ou de l'importance des à-comptes reçus, elle est vidée par les duplicata détachés, soit du sommier de vente, soit du sommier de recette. Ainsi tout s'effectue régulièrement.

Quant aux feuilles du journal-mémorial, on comprend leur utilité, leur commodité; par ce simple expédient qu'elles sont détachées, elles peuvent suivre le propriétaire partout où il se trouve et l'instruire par conséquent de tout ce qui se fait au domaine pendant son absence. Le second expédient, d'une colonne réservée pour inscrire le débiteur et le créancier de chaque article, fournit le moyen de transformer ces feuilles en journal en partie double, par un travail d'intelligence à la vérité [1], réservé au propriétaire, mais de fait, insignifiant, rapide et ne l'occupant que quelques instants.

---

[1] Car il faut être initié à la méthode en partie double.

Les arrêtés, s'il les fait lui-même, des sommiers de ventes et de recettes des facteurs ou sous-agents, ne réclament aussi que peu de temps à de longs intervalles ; à quoi se bornera donc le travail personnel du propriétaire avec une semblable comptabilité, puisque les écritures sont toutes tenues par les agents, et que le rapport au grand livre peut être confié à l'un d'eux ou à un scribe ordinaire ? Évidemment à presque rien, quoiqu'il soit constamment tenu au courant de ce qui se passe chez lui en son absence, et de l'entrée et sortie des valeurs, avec tous les moyens de contrôle.

Le programme de la proposition se trouve donc exactement rempli.

FIN.

TABLE DES MATIÈRES.

Supplément à la fin.

FIN DE LA TABLE.

ARITHMÉTIQUE

SIMPLIFIÉE, POUR LES AGRICULTEURS

OU TRAITÉ D'ARITHMÉTIQUE

Réduite à sa plus simple expression, selon la méthode
ingénieuse de l'analogie de Condillac.

TABLE DES MATIÈRES

PRÉFACE.

Il y a peu de science d'une utilité plus réelle et plus générale que l'arithmétique ; elle est nécessaire à toutes les époques de la vie, dans toutes les conditions, et surtout à ces nombreuses professions commerciales qui composent nos sociétés modernes, entièrement adonnées à l'industrie.

De quelle importance ne serait donc pas un bon ouvrage élémentaire sur une science aussi généralement appréciée !

Bossut, Bezout, Lacroix et quelques professeurs célèbres, ont publié des ouvrages estimables sur l'arithmétique.

Mais n'est-il pas vrai que ces auteurs n'ont écrit que pour ce petit nombre d'élèves destinés à l'artillerie, au génie ou à la marine, qui doivent faire des hautes sciences mathématiques l'étude spéciale de toute leur vie ? Aussi les uns, se renfermant dans un savant laconisme comme *Lacroix*, traitent fort incomplétement l'arithmétique, en simple introduction, et la considérant comme le vestibule des mathématiques, ils la traversent, pour ainsi dire, à la hâte, afin d'arriver plus tôt à l'algèbre, où ils réparent alors avec une incontestable supériorité, les nombreuses lacunes laissées derrière eux ; il en résulte que ces sortes de traités, excellents pour ceux qui savent déjà ou qui apprendront plus tard, sont tout à fait insuffisants, pour ne pas dire inutiles, au plus grand nombre, qui ne veut pas pénétrer aussi avant, ni suivre ces auteurs jusque sur leur terrain favori.

D'autres, ne pouvant descendre du langage élevé des hautes mathématiques à celui si simple qui convient à l'arithmétique, semblent fatigués de dire plus longuement, pour être clairs, ce qu'ils sont impatients d'indiquer rapidement à la manière algébrique; et bientôt, renonçant à toute contrainte, ils font intervenir l'algèbre dans leurs démonstrations.

Avec des traités composés dans cet esprit, que devient cette classe importante d'élèves destinés aux autres professions de la société, et qui, voués à des études de différentes natures, ne peuvent connaître des sciences exactes que l'arithmétique seule? Ils seront donc réduits à se contenter de ces livres laconiquement incomplets ou savamment abstraits, composés pour une minorité spéciale?

C'est ce qui explique pourquoi tant de personnes ne savent pas l'arithmétique, et se trouvent arrêtées à chaque pas, dans la pratique. Induites en erreur par les difficultés apparentes que présentent des ouvrages trop abstraits, on les voit se décourager dès le début, et se croire impropres à l'étude des sciences exactes, quand c'est le livre au contraire qui est impropre à les leur apprendre.

Telle est la vérité, selon nos convictions du moins. Mais parce que nous avons aperçu ce vice dans certains ouvrages élémentaires, vice qui d'ailleurs est assez généralement reconnu, prétendons-nous y avoir remédié? Non assurément; et, sans nous couvrir ici d'une fausse modestie, nous avouerons nous être proposé ce but, sans croire l'avoir complétement atteint.

Dans ce petit traité élémentaire, nous avons suivi l'ingénieuse méthode de *l'analogie* présentée par *Condillac* comme celle des premiers inventeurs; elle nous a paru la plus naturelle pour atteindre à une grande simplicité; on y procède du connu à l'inconnu, qui n'est lui-même, comme il le fait observer, que ce qu'on connaît déjà, présenté sous un autre aspect. Nous avons fait ressortir souvent dans ce livre cette importante vérité, qui permet de concentrer en quelques idées génériques tout ce que l'arithmétique a d'essentiel, et de réduire sa démonstration à un petit nombre de principes fondamentaux; ce qui en facilite singulièrement l'étude [1].

---

[1] Pour toutes les applications au commerce il faut avoir recours à notre ARITHMÉTIQUE PRATIQUE ET COMMERCIALE, qui réunit les documents spéciaux les plus complets sur cette matière.

ARITHMÉTIQUE

SIMPLIFIÉE

POUR LES AGRICULTEURS

1. L'*Arithmétique* est cette partie des mathématiques qui traite des nombres ; elle enseigne à les exprimer, à les composer et décomposer, ce qu'on appelle *calculer* ; en un mot : L'arithmétique est la science des *nombres*.

2. Pour bien concevoir ce que c'est qu'un nombre, il faut avant tout se former une idée exacte de l'*unité*, principe des *nombres* et des *quantités* qu'ils servent à exprimer.

3. On appelle *quantité*, tout ce qui est susceptible d'augmentation ou de diminution ; *les longueurs, les poids, les valeurs*, sont des quantités. Chacune d'elles a sa mesure particulière de convention, ou son terme de comparaison, qu'on appelle son *unité* ; ainsi pour les longueurs c'est *le mètre*, pour les poids, *le kilogramme*, pour les valeurs, *le franc*, etc.

4. Supposons, pour exemple, une barre de fer, longue de *cinq mètres*, pesant *dix kilogrammes*, et du prix de *vingt francs*. Le *mètre*, le *kilogramme*, le *franc*, est chacun l'*unité* des *quantités* cinq mètres, dix kilogrammes et vingt francs donc :

L'unité *est le terme de comparaison des* QUANTITÉS *de même espèce*.

6. Les *nombres* servent à représenter plus brièvement,

à l'aide de certains signes appelés *chiffres*, les quantités énoncées par des mots ou écrites avec des lettres.

7. Ainsi, dans le précédent exemple, *cinq mètres, dix kilogrammes, vingt francs*, sont des quantités écrites ou prononcées ; mais 5, 10, 20 qui représentent en chiffres ces quantités et qui expriment *combien* chacune contient de fois son unité, sont des *nombres*, par conséquent :

8. Un NOMBRE *exprime combien la* QUANTITÉ *qu'il représente contient d'*UNITÉS *ou de parties d'unités.*

9. On appelle *nombres entiers* ceux qui sont composés *d'unités entières*, et *nombres fractionnaires*, ceux qui, comme trois et *demi* cinq et *deux tiers*, deux et *trois quarts*, contiennent des nombres entiers et des fractions ou parties d'unités.

10. Lorsqu'un nombre n'exprime pas l'espèce d'unité dont il se compose, il est appelé *nombre abstrait*, comme 5, 10, 20 ; mais on le nomme *nombre concret* lorsqu'il exprime à sa suite l'espèce d'unité dont il est composé, comme dans 5 mètres, 10 kilogrammes et 20 francs.

De la Numération.

11. La numération est l'art d'énoncer et d'exprimer tous les nombres à l'aide d'une quantité limitée de noms et de caractères.

12. Ces caractères, qui nous viennent des Arabes, sont les chiffres, au nombre de dix, dont voici la figure et le nom, d'ailleurs bien connus :

Zéro, un, deux, trois, quatre, cinq, six, sept, huit, neuf;
  0,   1,   2,   3,   4,   5,   6,   7,   8,   9.

13. Pour exprimer avec aussi peu de caractères tous les nombres quelque grands qu'ils soient, on a imaginé un moyen fort simple : c'est de donner à chacun des chiffres, en outre de la valeur qu'il a isolément, *une seconde valeur*, déterminée par la place qu'il occupe dans les nombres.

Voilà ce qu'il faut bien comprendre, car c'est la base de toute numération et la plus claire explication qu'on en puisse donner.

14. Les chiffres 1, 2, 3, 4, 5, 6, 7, 8, 9, servant à représenter les nombres jusqu'à neuf, on est convenu, pour compter au delà sans créer d'autres caractères, que dix unités formeraient une nouvelle espèce d'unité supérieure nommée *dizaine*, et que l'on compterait de la même manière 1, 2, 3, 4 jusqu'à 9 dizaines. Mais, afin de distinguer ces *dizaines* des unités, on leur a donné une place différente : la seconde dans les nombres, à la gauche des unités.

15. Ainsi, pour exprimer une, deux, trois dizaines, on se sert bien des mêmes chiffres 1, 2, 3; mais on fait suivre chacun d'eux d'un zéro qui tient la place des unités simples et sert à fixer les dizaines au second rang qui leur est donné.

16. Par ce moyen on a :

10 qui représente 1 dizaine, valant 10 unités, et s'énonçant *dix*
20   —   2   —   ,   —   20   —   ,   —   *vingt*
30   —   3   —   ,   —   30   —   ,   —   *trente*
40   —   4   —   ,   —   40   —   ,   —   *quarante*
50   —   5   —   ,   —   50   —   ,   —   *cinquante*
60   —   6   —   ,   —   60   —   ,   —   *soixante*
70   —   7   —   ,   —   70   —   ,   —   *septante*
80   —   8   —   ,   —   80   —   ,   —   *octante*
90   —   9   —   ,   —   90   —   ,   —   *nonante*

Au lieu de *septante*, *octante* et *nonante*, l'usage a introduit de dire : soixante-dix, quatre-vingts, quatre-vingt-dix (*a*).

17. Pour exprimer les nombres intermédiaires entre les dizaines, on se sert des neuf chiffres ordinaires, qu'on écrit à la place du zéro, et l'on dit : *dix*-un ou onze, 11, *dix*-deux ou douze, 12, *dix*-trois ou treize, 13, *dix*-quatre ou quatorze, 14, *dix*-cinq ou quinze, 15, *dix*-six ou seize, 16, *dix-sept*, *dix-huit*, *dix-neuf*. On dit de même de *vingt* à *trente* : *vingt et un*, *vingt-deux*, *vingt-trois*, etc.; de même de 30 à 40, de 40 à 50, et ainsi de suite jusqu'à quatre-vingt-dix-neuf.

18. On peut donc déjà, avec l'invention des dizaines, exprimer tous les nombres de deux chiffres jusqu'à 99 ; en effet, ayant à écrire, par exemple, le nombre *soixante-six*, composé de 6 dizaines et de 6 unités simples, on écrit ainsi 66, où le premier chiffre, à droite, exprime 6 unités, et le second, 6 dizaines valant 60 unités (*Voir* n° 16); ce qui forme bien le nombre proposé *soixante-six*.

19. Pour compter au delà de 99, on est convenu semblablement que dix dizaines formeraient une troisième espèce d'unité supérieure appelée *centaine*, parce qu'elle con-

---

(*a*) Il a été proposé, par Condorcet, de substituer *unante* et *duante* à dix et vingt pour la régularité, qui serait parfaite en maintenant aussi les anciennes dénominations *septante*, *octante* et *nonante*.

tient cent unités simples, et qu'on dirait 1, 2, 3 jusqu'à 9 centaines. Mais, pour les distinguer des unités et des dizaines, on place le chiffre des centaines au troisième rang à gauche.

20. Par exemple, pour écrire une, deux, trois, quatre *centaines*, on se sert toujours des mêmes chiffres 1, 2, 3 et 4; mais on les fait suivre de deux zéros, ainsi :

	100	200	300	400, etc.
ce qui représente	1 centaine	2 centaines	3 centaines	4 cent.
et vaut	100 unités	200 unités	300 unités	400 unit.

21. On voit par là que le zéro, qui est le seul chiffre sans valeur par lui-même, sert, lorsque dans les nombres certaines unités manquent, à en occuper la place et à maintenir les autres chiffres à leur rang.

22. Pour exprimer les nombres intermédiaires entre les centaines, on se sert des nombres déjà connus depuis 1 jusqu'à 99, qu'on met à la place des zéros, en disant : cent *un*, cent *deux*, cent *trois* et ainsi de suite jusqu'à cent *quatre-vingt-dix-neuf*. Il en est de même de deux cents à trois cents, de 300 à 400, enfin jusqu'à 999.

23. On peut donc, avec les unités, les dizaines et les centaines exprimer déjà tous les nombres de trois chiffres jusqu'à 999. Par exemple, pour écrire six cent soixante-six, on écrit ainsi : 666, parce que le premier six vaut six unités; le second, qui se trouve au rang des dizaines, en vaut 60; et le troisième, placé au rang des centaines, en vaut 600 (*Voir* n° 16); ce qui exprime bien le nombre proposé *six cent soixante-six*.

24. Enfin, pour compter au delà de 999, on est convenu que de dix centaines on composerait une unité appelée *mille*; de 10 mille, une unité appelée *dix-mille*; de 10 dix-mille, un *cent-mille*; de 10 cent-mille, un *million*; de 10 millions, un *dix-millions*; de 10 dix-millions, un *cent-millions*; de 10 cent-millions, un *billion*, appelé *milliard* dans les calculs de finance; de 10 billions, un *dix-billions*, et ainsi de suite;

par analogie, on a créé des *cent billions*, des *trillions*, *qua-trillions*, etc; en assignant toujours à chacune de ces espèces d'unités, de dix en dix fois plus grandes, une place d'un rang de plus en plus avancé vers la gauche.

25. Le chiffre 6, par exemple, dont la valeur isolément est six unités, peut acquérir une autre valeur de dix en dix fois plus grande à mesure qu'il avance d'un rang de plus vers la gauche; il vaut successivement :

$$
\begin{array}{ll}
\text{Six.} \ldots\ldots\ldots\ldots & 6 \\
\text{Soixante.} \ldots\ldots\ldots & 60 \\
\text{Six cents.} \ldots\ldots\ldots & 600 \\
\text{Six mille.} \ldots\ldots\ldots & 6000 \\
\text{Soixante mille.} \ldots & 60000 \\
\end{array}
$$

26. Telle est notre numération, dont la base 10 est purement de convention, et qui sert à exprimer tous les nombres possibles avec dix chiffres seulement, par cette seule convention, ingénieuse et simple, de donner à chaque chiffre, en outre de sa valeur particulière, une *seconde valeur* déterminée par sa place dans les nombres, valeur qui devient de dix en dix fois plus grande à mesure que ce chiffre avance d'un rang de plus en plus rapproché vers la gauche.

Applications de la numération.

27. Toutes les difficultés de la numération se réduisent à deux : lire un nombre écrit et écrire un nombre dicté.

1° Pour lire un nombre écrit de 2 ou 3 chiffres, comme 234; par exemple, on pourrait énoncer chaque chiffre avec le nom de l'espèce d'unité dont il occupe la place, en commençant par le plus élevé, ainsi : *deux centaines, trois dizaines, quatre unités;* mais, pour abréger, on évalue de suite les centaines et les dizaines en unités, ce qui est facile; car on sait déjà que deux centaines valent 200 unités (16); que trois dizaines en valent 30; on énonce donc plus brièvement le nombre 234, en disant : *deux cent trente-quatre unités*.

28. Ainsi, quand on lit les nombres ils sont réduits en unités simples.

29. Pour lire un nombre composé de beaucoup de chiffres, comme 45 707 003 022, afin d'en faciliter la lecture on le sépare par la pensée, en allant de droite à gauche, en tranches de trois chiffres, parce que chaque tranche prend un nom différent, de la manière suivante :

milliards ou *billions, millions, mille, unités;*
45 | 707 | 003 | 022.

Ensuite on lit, en commençant par la gauche, chaque tranche successivement, comme si elle était isolée, en énonçant à la fin de chacune le nom qui lui appartient, ainsi :

45 billions, 707 millions, 003 mille, 022 unités.

30. Il faut remarquer que chaque tranche est composée de trois chiffres, excepté la dernière à gauche qui peut n'en avoir qu'un ou deux seulement, et que chacune contient des unités, des dizaines et des centaines. Ceci est commun à la tranche des unités, des mille, des millions, des billions, des trillions, des quatrillions, comme à toutes les autres qui les suivent.

31. 2° Pour écrire un nombre dicté, comme celui ci-dessus :

quarante-cinq *billions,* sept cent sept *millions,* trois *mille,* vingt-deux
[*unités,*

on commence par écrire les tranches dans le même ordre où elles sont énoncées, en complétant par des zéros les trois chiffres que doit toujours contenir chacune de ces tranches; ainsi :

45, 707, 003, 022.

Il a fallu ajouter un zéro dans la tranche des unités à la

place des centaines qui manquent, et deux zéros dans celle des mille à la place et en l'absence des dizaines et des centaines.

EXERCICES POUR LIRE LES NOMBRES.

Nombres écrits.	*Énoncés.*
4,707	quatre *mille*, sept cent sept.
3,041,301	trois *millions*, quarante et un *mille*, trois cent un.
5,021,000,011	cinq *billions*, vingt et un *millions*, onze.
8,000,200	huit *millions*, deux cents.

EXERCICES POUR ÉCRIRE LES NOMBRES.

Nombres dictés.	*Nombres écrits.*
Deux *mille*, soixante-dix	2,070
Trois *millions*, quatre cent *mille*, sept	3,400.007
Deux *milliards*, onze *millions*, vingt-deux *mille*, dix	2,011,022.010
Un *million*, cent deux *mille*, quatre cents	1,102,400

Des Décimales.

32. La numération vient de nous enseigner que pour exprimer les nombres, quelque *grands* qu'ils soient, avec dix caractères seulement, on avait imaginé de composer des espèces d'unités, de dix en dix fois plus *grandes* que l'unité simple, toujours représentéespar les mêmes chiffres, mais qu'on distinguait entre elles par leur place dans les nombres.

Pareillement, pour exprimer des nombres, quelque *petits* qu'ils soient, on a imaginé de partager l'unité en parties de dix en dix fois plus *petites*, qu'on distingue aussi par le rang qu'on leur a fixé dans les nombres.

33. On appelle *fractions décimales*, ou plus simplement *décimales*, ces parties de l'unité de dix en dix fois plus petites qu'elle.

34. On donne aux unités simples, par opposition au nom de *fractions décimales*, celui d'*unités entières* ou plus simplement d'*entiers*.

Et d'abord, pour ne pas confondre les entiers avec les décimales, on a placé ces dernières à la droite des entiers, dont on les sépare par un point ou plus ordinairement par une virgule.

35. On est donc convenu de partager l'unité en dix parties égales appelées *dixièmes*, parce que chacune est dix fois plus petite qu'un entier, et de compter 1, 2, 3, 4 jusqu'à 9 dixièmes ; mais, pour distinguer les dixièmes des unités, on leur a donné le *premier* rang à *droite* des entiers, dont la virgule les sépare, ainsi : 1,1 ; et qu'on énonce : **un** *entier,* un *dixième*.

36. Pour exprimer des quantités encore plus petites on est convenu de partager chaque dixième en dix parties égales, appelées *centièmes*, parce que chacune est cent fois plus petite qu'un *entier;* et l'on compte 1, 2, 3, 4, jusqu'à 9 centièmes dont la place est fixée au *second* rang à la droite des unités, ainsi : 1,04 ; et qui s'énoncent : **un** *entier,* quatre *centièmes*.

37. On a posé un zéro à la place des dixièmes pour maintenir les *centièmes* au second rang qui leur est fixé.

38. On partage chaque centième en dix parties égales appelées *millièmes*, parce qu'elles sont mille fois plus petites qu'un entier; et l'on compte 1, 2, 3, 4 jusqu'à 9 millièmes, dont la place est au *troisième* rang à droite, ainsi : 1,006 ; et qui s'énoncent : un *entier,* six *millièmes*.

Deux zéros ont été posés à la place des dixièmes et des centièmes pour donner aux *millièmes* le troisième rang qui leur appartient.

39. Lorsqu'un nombre ne contient que des décimales, on met un zéro avant la virgule pour tenir la place des unités.

40. Ainsi, par les conventions précédentes :

1 *entier* s'écrit : 1,	vaut 1 0 *dixièmes*	ou 100 *centi.*		ou 1000 *milli.* etc.	
1 *dixième* —	0,1 . . . . . . vaut.	. . 10 *centi.*	ou	100 *millièmes.*	
1 *centième* —	0,01 . . . . . . vaut.	. . 1	ou	10 *millièmes.*	
1 *millième* —	0,001 . . . . , vaut.	. . . .		1 *millième.*	

7

41. On a également imaginé de partager chaque millième en 10 *dix-millièmes*, chaque dix-millième en 10 *cent-millièmes*, le cent-millième en 10 *millionièmes*, et ainsi de suite on a créé des décimales de dix en dix fois plus petites, que l'on est convenu de placer successivement d'un rang de plus en plus avancé vers la droite.

42. Sans prolonger davantage les exemples des différentes espèces de décimales, il suffit de savoir que leurs noms sont les mêmes que ceux usités pour les entiers, en y ajoutant toutefois la terminaison *ième*, qui sert à les distinguer; et que leurs places sont aussi absolument les mêmes, *à droite* des unités, que celles fixées *à gauche* pour les entiers; ainsi, le dixième est le premier chiffre *à la droite* des unités comme la *dizaine* est le premier chiffre *à leur gauche*; les *centièmes* occupent le second rang à droite, comme les *centaines* le second à gauche; les *millièmes* et les *mille* sont, à droite et à gauche, au troisième rang, et ainsi successivement pour les autres espèces d'entiers et de décimales.

43. Il résulte de ce qui précède que, les chiffres des décimales comme ceux des entiers, par ce principe fondamental de la numération qui leur est commun, ont une *seconde valeur* résultant de leur place dans les nombres, valeur de dix en dix fois plus petite, en descendant de rang en rang vers la droite; que les décimales portent les mêmes noms que les entiers, à la terminaison près; qu'elles occupent aussi, sur la *droite* des unités, des places correspondantes à celle des entiers sur la *gauche*; qu'il existe enfin entre les entiers et les décimales une analogie telle, que la numération de ces dernières a peu de chose qui ne soit déjà connu par celle des entiers.

Applications de la numération des décimales.

44. Les difficultés relatives à la numération des décimales consistent à lire un nombre écrit et à écrire un nombre dicté.

45. 1° La manière de lire les nombres décimaux est la même que pour un nombre entier : on le partage en tranches de trois chiffres de droite à gauche ; on le lit de gauche à droite par tranches successives ; seulement, au lieu d'énoncer à la fin du nombre que ce sont des unités, il faut exprimer au contraire que ce sont des décimales, en nommant la décimale de la plus petite espèce, qui est toujours la dernière à droite, et dont on trouve le nom en énonçant successivement toutes les décimales.

46. Par exemple, pour lire 0,234 on prononcera deux cent trente-quatre ; mais, au lieu de dire 234 *entiers*, il faut exprimer au contraire que ce sont des décimales de la plus petite espèce, qui se trouvent ici des millièmes, et l'on dit : 234 *millièmes*.

47. Il est facile d'apercevoir la raison pour laquelle on lit un nombre, contenant des dixièmes, des centièmes et des millièmes, comme s'il ne contenait que des décimales de la dernière espèce ; cette raison est la même que pour les nombres entiers qu'on lit aussi en réduisant de suite les dizaines, les centaines en unités de la plus petite espèce.

On doit se rappeler que, pour 234 entiers, par exemple, au lieu de dire deux *centaines,* trois *dizaines,* quatre *unités,* on les a réduits de suite en unités simples, en disant plus brièvement deux cent trente-quatre unités (28).

Il en est de même pour les décimales ; au lieu de dire : deux *dixièmes,* trois *centièmes,* quatre *millièmes,* on réduit le tout plus brièvement en décimales de la plus petite espèce, qui sont ici des millièmes, et l'on prononce : 234 *millièmes*.

48. En effet, puisque 1 dixième vaut 100 millièmes (40), les 2 dixièmes en valent 200 ; puisque 1 centième vaut 10 millièmes, les trois en valent 30 ; ce qui, avec les 4 millièmes, compose bien le nombre 234 millièmes, qui exprime, en abrégé sous d'autres noms, la même valeur que 2 dixièmes, 3 centièmes et 4 millièmes.

49. 2° Pour écrire un nombre dicté, composé de décimales,

c'est absolument la même manière que pour les nombres entiers. A mesure que le nombre est dicté, on écrit successivement chaque tranche en complétant avec des zéros les trois chiffres indispensables dans chacune; seulement, le nombre étant écrit, on ajoute encore, s'il y a lieu, les zéros nécessaires pour donner à la dernière espèce de décimale énoncée, le rang qui lui appartient.

50. Supposons, pour exemple, qu'il s'agisse d'écrire en chiffres le nombre dicté *treize millièmes* :

On écrit d'abord, comme pour des entiers, les chiffres 13; mais, pour les rendre des millièmes il faut ajouter un zéro devant, ainsi : 0, 013; ce qui donne au dernier chiffre le troisième rang qui appartient aux millièmes.

Si l'on voulait exprimer 13 dix-millièmes, on ajouterait deux zéros : 0,0013; et pour 13 millionièmes, il en faudrait ajouter quatre, ainsi : 0, 000013.

De la Virgule.

51. La virgule qui sépare les entiers des décimales, a beaucoup d'importance, parce qu'elle sert à déterminer *la seconde valeur* des chiffres, qui est de dix en dix fois plus grande ou plus petite, selon leur place plus ou moins éloignée de cette virgule.

Il en résulte qu'en la déplaçant on opère des changements sur les nombres, qui deviennent de dix en dix fois plus grands, en portant la virgule vers la droite, puisqu'on fait passer des décimales au rang des entiers; et de dix en dix fois plus petits en la portant vers la gauche, parce qu'on fait, au contraire, passer des entiers au rang des décimales.

52. Par exemple, dans le nombre 23,45 si l'on avance la virgule d'un rang vers la droite on obtient un nombre 234,5 qui est dix fois plus grand. En effet, les dizaines sont devenues des centaines, les unités des dizaines, les dixièmes des unités, et les centièmes des dixièmes; toutes les parties

du nombre primitif ayant acquis ainsi une valeur décuple, le nombre est donc dix fois plus grand.

53. Au contraire, dans le même nombre 23,45, si l'on porte la virgule d'un rang vers la gauche, on obtient le nombre 2,345 qui est dix fois plus petit. Par la même raison que chaque fois qu'on porte la virgule d'un rang vers la gauche, tous les chiffres subissent un même changement de valeur qui est dix fois moindre ; donc le nombre total est dix fois plus petit.

54. On explique pareillement comment on peut rendre un nombre cent, mille, dix mille, cent mille, million, etc., de fois plus grand ou plus petit par le simple déplacement de la virgule de deux, de trois, de quatre, de cinq, de six rangs, etc., vers la droite ou vers la gauche.

55. C'est par une conséquence du même principe, qu'on peut ajouter ou supprimer des zéros à la droite d'un nombre décimal sans en changer la valeur ; seulement, le nom de la dernière décimale est changé, ce qui oblige à l'énoncer différemment.

Par exemple, si l'on ajoute un zéro à la droite du nombre deux dixièmes ou 0,2, on obtient vingt centièmes ou 0,20, qui est un nombre absolument de même valeur ; car on sait qu'un dixième valant 10 centièmes, 2 en vaudront 20. Donc énoncer 2 dixièmes ou 20 centièmes ce n'est qu'exprimer la même valeur en décimales différentes.

56. Il en sera de même si l'on ajoute deux, trois, quatre zéros, parce qu'alors on obtient un nombre de dix en dix fois plus grand, mais en parties décimales qui sont de dix en dix fois plus petites ; ce qui se compense : la valeur reste donc la même, et il n'y a de changé que la dénomination.

57. Réciproquement si l'on retranchait des zéros à la droite d'un nombre décimal, sa valeur ne changerait pas par les mêmes raisons. Donc, en général :

58. *On peut ajouter ou supprimer des zéros à la droite*

d'un nombre décimal; sa valeur reste la même, quoique sa dé-nomination ait changé.

59. On peut opérer sur les entiers les mêmes changements que sur les décimales par le mouvement de la virgule, et les rendre de dix en dix fois plus grands ou plus petits; car, si l'on n'écrit pas de virgule après les entiers, quand ils ne sont pas suivis de décimales, ce qui la rend inutile, *on peut toujours supposer qu'il en existe une à la droite des entiers et opérer en conséquence.*

Par exemple, pour rendre dix fois plus petit le nombre entier 3 on porte la virgule, *toujours supposée à droite,* d'un rang vers la gauche, ainsi : 0,3; et l'on a 3 dixièmes ef-fectivement dix fois plus petits que 3 entiers.

60. Pour le rendre cent, mille, et ainsi de suite, de dix en dix fois plus petit, on porte la virgule de deux, trois rangs et ainsi de suite vers la gauche, en complétant les rangs avec des zéros, ainsi : 0,03. 0,003. 0,0003, etc.

61. Au contraire si l'on veut rendre le nombre entier 3, dix, cent, mille et ainsi de suite de dix en dix fois plus grand, il faut porter la virgule d'un, deux, trois rangs et ainsi de suite vers la droite, ce qu'on opère en complétant les rangs avec des zéros, ainsi : 30, 300, 3000, etc.; donc :

62. *Pour rendre un nombre entier* 10, 100, 1000, *et ainsi de suite, de dix en dix fois plus grand, il faut ajouter à sa droite* 1, 2, 3, *etc., zéros.*

Parce que la virgule, toujours supposée à la droite des entiers, par chaque zéro qu'on ajoute, se trouve reportée d'un rang de plus vers la droite.

Cette proposition se démontre aussi en disant que :

63. Chaque fois qu'on ajoute un zéro à la droite d'un nom-bre entier, c'est élever les unités au rang des dizaines, les dizaines au rang des centaines et ainsi de suite, de manière que tous les chiffres prenant un rang supérieur, et par con-séquent une valeur décuple, le nombre se trouve dix fois plus grand.

63. Mais nous avons voulu considérer ces changements comme pouvant être opérés sur les entiers par le simple déplacement de la virgule *supposée à leur droite*, afin de pouvoir conclure cette règle générale de la numération commune à tous les nombres entiers ou décimaux.

64. *On rend un nombre dix, cent, mille, et ainsi de suite, de dix en dix fois plus grand, en portant la virgule d'un, deux, trois rangs et ainsi de suite vers la droite, et l'on complète, au besoin, le nombre des rangs avec des zéros.*

65. *Réciproquement on rend un nombre de dix en dix fois plus petit en portant, au contraire, la virgule d'un rang de plus en plus avancé vers la gauche, en complétant, au besoin, le nombre des rangs avec des zéros.*

On verra plus tard cette règle recevoir de bien nombreuses applications dans la pratique, et faciliter singulièrement la rapidité des calculs.

(Voir *autres observations*, 2me *partie, Arithmétique pratique,* (522).

EXERCICES.

Le nombre 217,33 étant donné :

le rendre dix fois plus grand. . . . . . . 2 1 7 3 , 3

— dix mille fois plus petit. . . . . 0 , 0 2 1 7 3 3

— mille fois plus grand. 2 1 7 3 3 0

— cent fois plus petit. . . . . 2 , 1 7 3 3

OPÉRATIONS
DE L'ARITHMÉTIQUE.

66. Il y a quatre opérations fondamentales de l'arithmétique dont toutes les autres ne sont que des combinaisons ; ce sont l'*Addition*, la *Soustraction*, la *Multiplication* et la *Division*.

DE L'ADDITION.

67. L'*Addition* est une opération par laquelle on réunit plusieurs nombres en un seul.

Le résultat s'appelle *somme* (a).

68. L'addition des nombres d'un seul chiffre consiste à en réunir d'abord deux, à en ajouter un troisième à la somme des deux, un quatrième à la somme des trois, et ainsi de suite. Par exemple, pour faire l'addition des nombres 2, 5, 8 et 7, après les avoir disposés ainsi :

$$
\begin{array}{r}
2 \\
5 \\
8 \\
7 \\
\hline
22
\end{array}
$$

Somme,   22

On dit :

2 *et* 5 *font* 7; 7 *et* 8 *font* 15. 15 *et* 7 *font* 22 (b).

(a) Somme, autrement dite *total* en langage de finance.

(b) Dans la pratique on abrége ces énonciations. (*Voir* 2me *partie de l'Arithmétique pratique*, (523).

Il faut dire aussi que pour indiquer une addition à faire, on se sert quelquefois de ce signe : +, qui signifie *plus*, et de ce signe : = qui signifie *égale*. Par conséquent, on indiquerait l'opération précédente, ainsi : $2 + 5 + 8 + 7 = 22.$

22 est la somme des nombres proposés.

Il faudrait, pour trouver ces petites sommes 7, 15 et 22, compter sur ses doigts, si la nécessité ne les avait pas déjà gravées dans la mémoire même des enfants.

L'addition des nombres d'un seul chiffre ne présente donc aucune difficulté.

69. Quand les nombres à additionner sont plus grands et composés de plusieurs chiffres, l'addition se fait comme la précédente, mais par parties.

On commence par écrire les nombres les uns sous les autres, en plaçant avec soin les unités du même ordre exactement dans la même colonne; puis on tire un trait pour les séparer du résultat qu'on met au-dessous.

70. Par exemple, si l'on propose de faire la somme des nombres 53, 842, 99 et 564, on les écrit d'abord comme on le voit ici :

$$
\begin{array}{r}
53 \\
842 \\
99 \\
564 \\
\hline
\textit{Somme.} \quad 1558
\end{array}
$$

Ensuite on fait la somme de chacune des trois colonnes, comme précédemment (68), en commençant à droite par celle des unités simples, 3, 2, 9 et 4, dont la somme est 18. Mais on n'écrit que 8 unités sous la colonne, et l'on retient les 10 autres unités qui forment une dizaine pour l'additionner avec la colonne suivante, en disant : 1 dizaine retenue et 5, 4, 9, 6 font la somme 25, dont on n'écrit également que les 5 unités, retenant les 2 dizaines pour les comprendre dans l'addition de la dernière colonne, dont la somme est 15, qu'on écrit en entier.

On obtient ainsi 1558 qui est la somme de nombres proposés.

Cet exemple suffit pour qu'on puisse résumer la règle générale de l'addition :

71. *On commence par écrire les nombres à additionner les uns sous les autres, en plaçant les unités du même ordre dans la même colonne, puis on tire un trait pour les séparer du résultat qu'on mettra au-dessous.*

Ensuite on fait la somme des unités contenues dans chaque colonne, en commençant par la droite; on écrit au-dessous de chacune la somme obtenue si elle n'a qu'un seul chiffre; si elle en a plusieurs la somme contient des dizaines; alors on n'écrit que le dernier chiffre des unités, et l'on retient les dizaines pour les comprendre dans la somme de la colonne suivante, qu'on fait de la même manière; et ainsi de suite pour toutes les colonnes jusqu'à la dernière, sous laquelle on écrit la somme telle qu'on l'a trouvée.

EXERCICES SUR L'ADDITION.

18701	49	4781
9708	7809	36467
15	467	4007
37410	1549	599
3999	27	3441
447	3001	55491
70280	12902	104786

De l'Addition des Décimales.

72. Le seul principe sur lequel repose la règle précédente, c'est que les espèces d'unités étant de dix en dix fois plus grandes en allant de droite vers la gauche, il faut retenir toutes les dizaines que forme la somme partielle des colonnes, pour les reporter à la colonne suivante.

73. Comme dans les décimales ainsi que pour les nombres entiers, les parties d'unité sont aussi de dix en dix fois plus grandes en allant de la droite vers la gauche, il en résulte que la règle pour additionner les décimales, doit être absolument la même que pour les entiers; par conséquent :

74. *L'Addition des nombres décimaux se fait comme celle des nombres entiers, en observant de placer à la somme la virgule dans la même colonne où se trouvent toutes les virgules des nombres à ajouter.*

Par exemple, si l'on veut faire la somme des nombres 43, 431 ; 3,7 et 195, 37, on les écrit d'abord en plaçant les unités de même ordre dans la même colonne, ainsi :

$$
\begin{array}{r}
43,431 \\
3,7 \\
195,37 \\
\hline
\end{array}
$$

Somme.   242,501

Après on fait la somme de chaque colonne; on a placé le chiffre 1 au-dessous de la première; le chiffre 0 au-dessous de la seconde, retenant 1 dizaine qu'on a ajoutée aux unités de la colonne suivante, dont la somme est 15; on a écrit seulement les 5 unités et retenu une supérieure pour la comprendre dans la colonne suivante, dont la somme est 12; on a continué de la même manière que pour les entiers, sans aucune interruption, même en passant des décimales aux entiers, puisque d'après notre numération, dans tous les nombres entiers comme décimaux, dix unités quelconques en forment une de l'ordre supérieur en allant de la droite vers la gauche.

Seulement on a placé à la somme la virgule dans la colonne où elles se trouvaient toutes, et l'on a obtenu ainsi le nombre 242,501 qui est la somme des nombres proposés.

EXERCICES SUR L'ADDITION DES NOMBRES DÉCIMAUX.

1° Additionner 22,04 ; 41 millièmes ; 9 centièmes ; 42,0321.

1°	2°	3°
22,04	4,6759	0,421
0,041	0,000219	0,0041
0,09	47,09	0,002
42,0321	141,991	0,89
64,2031	193,757119	1,3171

De la preuve de l'Addition.

75. Ce qu'on appèle *preuve* d'une opération arithmétique, est une autre opération qui sert à s'assurer de l'exactitude du résultat obtenu par la première.

76. La preuve de l'addition se fait de plusieurs manières, la plus simple est par l'addition elle-même : elle *consiste à commencer par la gauche l'addition des colonnes,* dont on pose les sommes entièrement sans rien retenir, en observant que les unités de chaque somme, soit précisément placées sous la colonne additionnée; puis on fait de ces diverses sommes partielles, une somme totale qui doit être la même que celle obtenue par la première opération.

Exemple formant preuve.

$$
\begin{array}{r}
53 \\
842 \\
99 \\
564 \\
\hline
1300 \\
240 \\
18 \\
\hline
1558
\end{array}
$$

Commençant par l'addition de la 1ʳᵉ colonne à gauche, des centaines, on écrit la somme 13 de manière que les unités 3 soient précisément sous la colonne des centaines; on place aussi les unités 4 de la somme 24 sous la 2ᵉ colonne des dizaines; puis les unités 8 de la somme 18 sous la dernière colonne; en complétant les rangs vides avec des zéros.

Enfin additionnant ces sommes partielles, on a obtenu la même somme totale 1558, que par l'addition faite (70); c'est donc la preuve que le résultat déjà trouvé est exact.

Dans la pratique, on vérifie les additions plus simplement encore; on recommence l'addition des colonnes, faite de haut en bas, de bas en haut.

(Voir observations dans la 2ᵐᵉ part , *Arithm. pratique,* (524).

DE LA SOUSTRACTION.

77. La soustraction est une opération par laquelle, on retranche un plus petit nombre d'un plus grand.

Le résultat se nomme *différence*, ou *reste*, ou *excès*.

78. Quand les deux nombres n'ont qu'un seul chiffre, la soustraction n'offre aucune difficulté, puisque la différence des chiffres entre eux est dans la mémoire de tout le monde.

79. Lorsque les deux nombres sont plus grands, la soustraction se fait par parties ou chiffre par chiffre.

On commence par écrire les deux nombres, en plaçant le plus grand au-dessus du plus petit, de manière que les unités du même ordre soient les unes sous les autres ; on tire un trait pour les séparer du résultat qu'on met au-dessous. Après on retranche successivement, en commençant par la droite, des unités du plus grand nombre, celles du même ordre dans le nombre le plus petit, et l'on pose le reste au-dessous.

Par exemple, pour trouver la différence des deux nombres 374 et 695, on commence par les écrire ainsi :

$$
\begin{array}{r}
695 \\
374 \\
\hline
\end{array}
$$

Différence. 321

On place au-dessous de chaque colonne en commençant par celle des unités, *l'excès* du chiffre supérieur sur l'inférieur, en disant :

de 5 retrancher 4, reste 1.

de 9 retrancher 7, reste 2.

de 6 retrancher 3, reste 3.

Il est évident qu'ayant ôté du nombre le plus grand, toutes les parties qui composent le nombre le plus petit, c'est en avoir ôté le plus petit, et que 321 est bien la différence des deux nombres proposés.

80. Mais lorsqu'il arrive que le chiffre à retrancher se trouve plus fort que celui supérieur dont on le retranche, il faut emprunter une unité de l'ordre voisin à gauche, pour rendre la soustraction possible, comme dans les nombres suivants :

$$363$$
$$74$$

Différence.   289

Le chiffre 4 étant plus fort que le chiffre 3, on emprunte une unité sur le chiffre voisin, qui vaudra par conséquent plus tard une unité de moins; cette unité, qui en vaut 10 du rang inférieur, étant ajoutée aux 3 unités qu'on avait déjà, fait 13, dont on peut retrancher 4, et l'on écrit la différence 9 au-dessous.

Passant aux unités suivantes, on se souvient que le chiffre 6, sur lequel on a emprunté une unité ne vaut plus que 5, dont il est impossible de retrancher 7. On emprunte donc une unité sur le chiffre de l'ordre supérieur, réduit par là d'une unité; puis ajoutant l'unité empruntée, qui en vaut 10 inférieures, aux 5 qu'on avait déjà, on a la somme 15, de laquelle on retranche 7, il reste 8 à écrire dessous au résultat; enfin le chiffre 3, réduit à 2 par l'emprunt d'une unité, et dont on n'a plus rien à retrancher, est descendu comme reste, 2, au résultat, qui présente dans son ensemble 289 pour différence des deux nombres proposés :

81. Lorsque le chiffre sur lequel on doit emprunter est un zéro, l'emprunt a lieu comme sur tout autre chiffre, parce qu'on sait que ce zéro vaut 10 au moyen d'une unité qu'on emprunte immédiatement par la pensée sur le chiffre voisin.

Mais il est clair que ce zéro, qui, par cet emprunt, vaut 10, et sur lequel on emprunte aussitôt un, est réduit à ne valoir plus que 9 dans l'opération suivante.

Par exemple, supposons les nombres 286 et 3000 à soustraire l'un de l'autre; on les écrit d'abord ainsi : 3000

$$286$$

Différence.   2714

Pour retrancher 6 de 0, on emprunte sur le chiffre voisin, une unité qui en vaut 10 inférieures, desquelles ôtant 6, il reste 4 à écrire dessous au résultat. Or, il n'a pu être emprunté un sur zéro, qu'en supposant par la pensée, l'emprunt fait sur le chiffre voisin d'une unité supérieure, qui a fait valoir à ce zéro, 10 unités; mais en ayant emprunté une aussitôt, ce zéro n'en vaut donc plus que 9, dont retranchant 8, il reste 1 à écrire dessous au résultat.

Pareillement, pour emprunter sur le chiffre voisin qui est encore un zéro, on a supposé par la pensée l'emprunt d'une unité supérieure qui a fait valoir 10 à ce zéro, qui se trouve aussitôt réduit, par l'emprunt d'une unité, à ne valoir toujours que 9, dont retranchant 2, il reste 7 à écrire au résultat.

S'il y avait une plus longue suite de zéros, ils se changeraient tous en 9 par les mêmes raisons.

Enfin le dernier chiffre significatif après les zéros, 3, ne vaut plus que 2, diminué d'une unité empruntée de proche en proche sur chaque zéro jusqu'à lui, et on le descend, comme reste, à la différence totale, 2714.

82. Il résulte de cet exemple, que lorsqu'on rencontre dans le nombre dont on soustrait une suite de plusieurs zéros, chacun de ces zéros doit être considéré comme valant 10, au moyen de l'emprunt qu'on fait par la pensée d'une unité sur le chiffre voisin; ce qui permet de lui emprunter à lui-même une unité, et dans ce cas, le réduit évidemment à ne

plus valoir que 9 dans l'opération suivante ; mais il en résulte aussi qu'il faut toujours diminuer d'une unité le chiffre significatif qui vient immédiatement après ces zéros.

Tous les chiffres sont significatifs excepté le zéro.

Si l'on veut des exemples frappants de cette transformation d'une suite de zéros en 9 , et de la diminution d'une unité sur le chiffre significatif qui les suit, supposons 1 à soustraire de 1000 et 2 à soustraire de 2000, on écrit :

$$
\begin{array}{ll}
1^{\circ} \quad 1000 & \qquad 2^{\circ} \quad 2000 \\
\phantom{1^{\circ} \quad 100}1 & \qquad \phantom{2^{\circ} \quad 200}2 \\
\hline
\phantom{1^{\circ} \quad 1}999 & \qquad \phantom{2^{\circ} \quad}1998
\end{array}
$$

Tous ces zéros ont été changés en 9, excepté le premier du 2e exemple, qui a valu 10, parce qu'on ne lui a rien emprunté, et le chiffre significatif 2 s'est trouvé réduit d'une unité.

On peut donc déduire de tout ce qui précède la règle générale de la soustraction.

83. *On commence par placer les deux nombres, le plus grand au-dessus du plus petit, de manière que les unités du même ordre soient les unes sous les autres, et l'on tire un trait pour les séparer du résultat qu'on écrira au-dessous.*

Après on retranche, en commençant par la droite, successivement de chaque chiffre supérieur le chiffre inférieur correspondant ; si cela ne se peut, on augmente le chiffre supérieur de 10 unités, au moyen d'une unité supérieure empruntée sur le chiffre voisin, qui par là vaut un de moins.

Si ce chiffre voisin est un zéro, et même suivi d'autres zéros, l'emprunt a lieu comme sur tout autre chiffre ; chaque zéro vaut 9, et le chiffre signicatif suivant, une unité de moins.

84. Quand on veut indiquer une soustraction à faire, on se sert de ce signe :—, qui signifie *moins*, et qui, placé entre deux quantités, indique que la seconde doit être retranchée de la première.

On pourrait donc indiquer par ce signe les soustractions précédentes et leurs résultats, ainsi :

$$363 \ - \ 74 \ = \ 289 \ \text{et} \ 3{,}000 \ - \ 286 \ = \ 2714$$

ce qui s'énonce : 363 *moins* 74 *égale* 289. 3,000 *moins* 286 *égale* 2714

EXERCICES SUR LA SOUSTRACTION.

56947	1000071	41647	40000
4785	8904	9999	8731
52162	991167	31648	31269

De la Soustraction des Décimales.

85. La soustraction des nombres décimaux se fait comme celle des entiers, puisque les unités à emprunter valent pareillement dix unités de l'ordre inférieur ; seulement, lorsque la quantité des chiffres décimaux est inégale dans les deux nombres, on la complète avec des zéros, et l'on place la virgule au résultat dans la colonne où se trouvent celle des nombres proposés ;

Par exemple, si l'on cherche la différence de 21,54 avec 7,21554, on écrit ces deux nombres ainsi :

$$\begin{array}{l} 21{,}54000 \\ 7{,}21554 \\ \hline \end{array}$$

Différence.   14,32446

On a complété par des zéros, dans le nombre qui en avait le moins, la quantité de 5 décimales qui existait dans l'autre, en ajoutant trois zéros à la droite des deux décimales du nombre 21,54 ; ce qui n'a rien changé à la valeur de ce nombre (58) ; puis on a fait la soustraction selon la règle ordinaire ; mais au résultat, on a placé la virgule dans la colonne où se trouvaient celles des nombres proposés.

EXERCICES SUR LA SOUSTRACTION DES DÉCIMALES.

1° De 5,007 soustraire 0,00998; 2° de 1 entier 2 dixièmes, soustraire 49 millièmes; 3° de 7 entiers, soustraire 38 dix-millièmes :

	1°	2°	3°
	5,00700	1,200	7,0000
	0,00998	0,049	0,0038
	4,99702	1,151	6,9962

(Autres exercices, 2me partie de l'Arithm. pratique, (525).

Preuve de la Soustraction.

86. En général, la preuve d'une opération se fait par l'opération inverse.

87. On fait la preuve de la soustraction par l'addition.

En effet, si après avoir soustrait 6 de 9, on a obtenu la différence 3, il est évident qu'en ajoutant au plus petit nombre 6, la différence 3 qui existe entre lui et le plus grand nombre, on composera le plus grand; donc :

88. *La preuve de la soustraction s'opère par l'addition du plus petit nombre avec la différence; ce qui recompose le plus grand.*

Il y a une manière de faire la SOUSTRACTION par ADDITION.

(Voir 2me partie de l'Arithmétique pratique, (526).

EXERCICES ET PREUVES DES SOUSTRACTIONS PRÉCÉDENTES.

	40000	5,00700	1,200	7,0000
	8731	0,00998	0,049	0,0038
Différences	31269	4,99702	0,151	6,9962
Preuves	40000	5,00700	1,200	7,0000

DE LA MULTIPLICATION.

89. La multiplication est une opération par laquelle on répète un nombre autant de fois qu'il est indiqué par un autre nombre.

Ainsi multiplier 5 par 3, c'est répéter 5 autant de fois qu'il est indiqué par 3, c'est-à-dire *trois fois,* ce qui produit le nombre 15.

90. On appelle le résultat de l'opération *produit,* le nombre à multiplier *multiplicande,* celui par lequel on multiplie *multiplicateur.*

91. Le multiplicande et le multiplicateur sont encore appelés conjointement *les facteurs* du produit.

Dans l'exemple précédent, 5 est le multiplicande, 3 le multiplicateur, 15 est le produit, dont 3 et 5 sont les facteurs.

92. Puisque multiplier 5 par 3 c'est répéter 5 trois fois, il est évident qu'on pourrait faire l'opération par l'addition, en écrivant 5 trois fois et en l'ajoutant, ainsi :

$$
\begin{array}{r}
5 \\
5 \\
5 \\
\hline
15
\end{array}
$$

La somme 15 serait également le produit de 5 multiplié par 3.

Mais on conçoit que si les facteurs de la multiplication au lieu d'être d'un seul chiffre, étaient de très grands nombres, la formation du produit par l'addition du multiplicande, serait difficile et longue ; c'est pour simplifier cette opération, qu'on a imaginé la multiplication, véritable addition abrégée, qui enseigne des moyens d'opérer prompts et simples ; car, ils consistent à ramener les plus grandes opérations à de petites opérations partielles d'un seul chiffre, faciles à effectuer par la mémoire.

Nous verrons que les multiplications les plus composées seront réduites à de simples multiplications d'un seul chiffre par un seul chiffre.

C'est pourquoi il faut, avant tout, fixer parfaitement dans sa mémoire tous les produits de la multiplication des 9 chiffres l'un par l'autre; on évite ainsi de chercher péniblement par des additions successives, ces produits que la mémoire doit fournir tout à coup.

Rien ne peut donc dispenser d'apprendre de mémoire la Table de Multiplication suivante qui renferme tous ces produits (1).

93. Pour indiquer une multiplication à faire, on se sert de ce signe : ×, qui signifie *multiplié par* ou *fois*, ainsi :

$$1 \times 2 = 2 \, . \, 2 \times 2 = 4.$$

s'énonce 1 *multiplié par* 2 *égale* 2 . 2 *multiplié par* 2 *égale* 4.

ou   1   *fois*   2 *font* 2 . 2   *fois*   2 *font* 4.

---

(1) On indique assez généralement la table de Pythagore; mais cette table, d'ailleurs peu propre à seconder la mémoire, a besoin pour elle-même d'explications assez longues, que nous avons jugé inutile de placer ici. *Voir* 523.

TABLE DE MULTIPLICATION

$1 \times 1 = 1$	$3 \times 3 = 9$	$5 \times 9 = 45$
$1 \times 2 = 2$	$3 \times 4 = 12$	$5 \times 10 = 50$
$1 \times 3 = 3$	$3 \times 5 = 15$	$6 \times 6 = 36$
$1 \times 4 = 4$	$3 \times 6 = 18$	$6 \times 7 = 42$
$1 \times 5 = 5$	$3 \times 7 = 21$	$6 \times 8 = 48$
$1 \times 6 = 6$	$3 \times 8 = 24$	$6 \times 9 = 54$
$1 \times 7 = 7$	$3 \times 9 = 27$	$6 \times 10 = 60$
$1 \times 8 = 8$	$3 \times 10 = 30$	$7 \times 7 = 49$
$1 \times 9 = 9$	$4 \times 4 = 16$	$7 \times 8 = 56$
$1 \times 10 = 10$	$4 \times 5 = 20$	$7 \times 9 = 63$
$2 \times 2 = 4$	$4 \times 6 = 24$	$7 \times 10 = 70$
$2 \times 3 = 6$	$4 \times 7 = 28$	$8 \times 8 = 64$
$2 \times 4 = 8$	$4 \times 8 = 32$	$8 \times 9 = 72$
$2 \times 5 = 10$	$4 \times 9 = 36$	$8 \times 10 = 80$
$2 \times 6 = 12$	$4 \times 10 = 40$	$9 \times 9 = 81$
$2 \times 7 = 14$	$5 \times 5 = 25$	$9 \times 10 = 90$
$2 \times 8 = 16$	$5 \times 6 = 30$	
$2 \times 9 = 18$	$5 \times 7 = 35$	
$2 \times 10 = 20$	$5 \times 8 = 40$	$10 \times 10 = 100$

94. Il est à propos de dire ici que les divers produits d'un nombre quelconque, multipliés par 2, 3, 4, 5, etc., sont nommés les *multiples* de ce nombre : ainsi, 4, 6, 8, 10, etc., sont les multiples de 2 ; 6, 9, 12, 15, etc., sont les multiples de 3, etc., et 8, 12, 16, 20, etc., sont les multiples de 4, etc.

95. Observons aussi qu'un nombre quelconque multiplié par l'unité, reste le même ou n'a d'autre produit que lui-même ; par conséquent, lorsqu'on a l'unité pour multi-

plicateur, on peut se dispenser de faire la multiplication, son produit n'est autre chose que le multiplicande.

96. Remarquons encore, qu'on peut changer l'ordre dans lequel on multiplie deux nombres l'un par l'autre; et qu'il importe peu de dire, par exemple, 5 multiplié par 3 ou 3 multiplié par 5; parce que dans les deux cas le produit de ces deux nombres, 15, est toujours le même.

Et pour le démontrer clairement par un exemple qui parle aux yeux, écrivons 5 fois sur la même ligne le chiffre 1, et plaçons 3 lignes semblables au-dessous les unes des autres, ainsi :

$$1 \quad 1 \quad 1 \quad 1 \quad 1$$
$$1 \quad 1 \quad 1 \quad 1 \quad 1$$
$$1 \quad 1 \quad 1 \quad 1 \quad 1$$

Cette disposition forme 3 lignes de 5 chiffres et 5 colonnes de 3 chiffres.

Le nombre total des chiffres sera donc composé, ou de 5 chiffres répétés autant de fois qu'il y a de lignes, c'est-à-dire *trois fois;* ou de 3 chiffres répétés autant de fois qu'il y a de colonnes, c'est-à-dire *cinq fois.*

Or, le nombre des chiffres étant toujours le même dans quelque ordre qu'on les compte par lignes ou par colonnes, il s'ensuit que 5 répété 3 fois ou 3 répété 5 fois, donnent le même produit.

Ce raisonnement peut s'étendre à tous les nombres quelconques; il en résulte donc cette règle générale :

97. *Le produit d'une multiplication reste le même, en renversant l'ordre des deux facteurs; c'est-à-dire, en prenant le multiplicande pour multiplicateur, ou le multiplicateur pour multiplicande.*

Multiplication par un seul chiffre.

98. Pour multiplier un nombre composé de plusieurs chiffres par un nombre d'un seul chiffre, il faut tout sim-

plement multiplier chaque chiffre du multiplicande par celui du multiplicateur, ce qui réduit l'opération à de simples multiplications d'un chiffre par un chiffre.

Par exemple, pour multiplier le nombre 3564, par le chiffre 3 ; on commence par écrire le multiplicande au-dessus du multiplicateur, et l'on tire un trait dessous pour séparer le produit des facteurs, ainsi :

$$\begin{array}{r} 3564 \\ 3 \\ \hline 10692 \end{array}$$

Après on multiplie successivement en commençant par la droite, les unités de chaque ordre du multiplicande par le multiplicateur : on écrit le produit au-dessous lorsqu'il ne passe pas 9 ; mais s'il renferme des dizaines, on les retient pour les joindre au produit suivant et l'on écrit seulement les unités : on continue ainsi jusqu'au dernier chiffre, dont on écrit le résultat tel qu'il se trouve.

Ainsi nous multiplions 4 par 3 en disant, avec le secours de la table de multiplication apprise de mémoire, 3 fois 4 font 12 ; on écrit seulement les 2 unités, et l'on retient la dizaine pour la joindre au produit suivant.

Passant aux dizaines, on dit : 3 fois 6 font 18, plus une dizaine de retenue, font 19 ; on écrit 9 au dessous et l'on retient 1 dizaine pour l'ajouter au produit suivant.

Continuant ainsi à dire : 3 fois 5 font 15, plus un de retenu font 16 ; on écrit 6 et l'on retient 1.

Enfin, pour le dernier chiffre on dit : 3 fois 3 font 9 et 1 de retenu font 10, produit qu'on écrit tel qu'on l'a trouvé.

99. Lorsqu'un des chiffres multipliés donne un produit qui contient un nombre exact de dizaines, il faut écrire un zéro sous ce chiffre, tant pour marquer que son produit ne contient pas d'unités, que pour occuper la place de ces

unités; puis retenir les dizaines pour les ajouter au produit suivant.

100 Quand il se trouve des zéros à la droite du multiplicande, il faut poser un zéro sous chacun d'eux au produit, à mesure qu'on les multiplie par le multiplicateur parce que leur produit ne peut être que zéro.

$$\begin{array}{r} 700 \\ 4 \\ \hline 2800 \end{array}$$

Multiplication par plusieurs Chiffres.

101. Quand le multiplicateur est composé de plusieurs chiffres, il faut simplement multiplier tout le multiplicande par chacun des chiffres du multiplicateur, ce qui ramène l'opération à de simples multiplications par un seul chiffre, comme dans la précédente.

102. Après on additionne les produits partiels, pour obtenir le produit total; mais il faut avoir soin de reculer les unités du produit obtenu par le chiffre des dizaines du multiplicateur, sous les dizaines; de reculer les unités du produit obtenu par le chiffre des centaines, sous les centaines; et de reculer ainsi successivement d'un rang tous les produits partiels.

C'est ce qu'il faut éclaircir par un exemple : supposons le nombre 324 à multiplier par 643, on opère ainsi :

		324	multiplicande.	
		643	multiplicateur.	
1er produit des unités.		972	contient le multiplicande	3 fois.
2e	— des dizai.	12960	contient.	40 —
3e	— des centai.	194400	contient.	600 —
Produit total. . .		208332	contient le multiplicande	643 fois.

Multiplier le nombre 324 par 543, c'est le répéter 543

fois. Or, on a d'abord multiplié tout le multiplicande par
le premier chiffre 3 des unités du multiplicateur, selon la
règle déjà connue, ce qui a donné le premier produit 972,
qui contient le multiplicande *trois fois*.

Après on a multiplié tout le multiplicande par le second
chiffre 4, des dizaines du multiplicateur, dont le produit est
1296. Mais on a reculé le premier chiffre 6 de ce produit
d'un rang, sous les dizaines; ce qui revient à ajouter un zéro
à sa droite, pour le rendre 10 fois plus grand (62); par la raison que multiplier un nombre par 4 dizaines, c'est avoir à
le répéter 40 fois (*a*); or, c'est ce qu'on fait ici en deux opérations, d'abord en multipliant par 4, et après par 10, en
ajoutant simplement un zéro, ou, ce qui revient au même,
en plaçant les unités sous les dizaines; on a obtenu ainsi le
2e produit 12960, qui contient le multiplicande *quarante fois*.

Ensuite on a multiplié par le troisième chiffre du multiplicateur, 6, le produit obtenu est 1944; mais on a reculé le
premier chiffre 4 de deux rangs, sous les centaines; ce qui
revient à ajouter deux zéros pour multiplier par 100 (62);
parce que, multiplier un nombre par 6 centaines, c'est avoir
à le répéter 600 fois; or, c'est ce qu'on a fait en deux opérations, en multipliant d'abord par 5, ensuite par 100, par
l'addition des 2 zéros; et l'on a obtenu ainsi le troisième
produit 194400, qui contient 324, *six cents fois*.

Enfin on a additionné les trois produits partiels, et la
somme donne le produit total de la multiplication 208332,
qui contient 643 fois le multiplicande 324.

103. Si le multiplicateur est terminé par des zéros, ou
s'il s'en trouve parmi les chiffres dont il est composé, il faut
écrire au produit un zéro sous chacun de ceux du multipli-

(*a*) Car il est évident que quand on multiplie par des dizaines, le
produit doit être dix fois plus grand que si l'on multipliait par des
unités.

cateur, parce que le produit par un zéro ne peut être que
zéro, et parce qu'il suffit d'en écrire un pour conserver le
rang de tous les chiffres du produit.

Exemples.

324	4254	3200
300	2003	4010
97200	12762	32000
	850800	128000
	8520762	12832000

De tout ce qui précède, il résulte cette règle générale de
la multiplication :

104. *Pour multiplier deux nombres quelconques l'un par
l'autre, on commence par écrire le multiplicande au-dessus
du multiplicateur; on tire un trait au-dessous pour le séparer
des produits.*

*Après, on multiplie tout le multiplicande par le premier
chiffre du multiplicateur. Cette opération partielle s'exécute
en multipliant de mémoire chaque chiffre du multiplicande
par le premier chiffre du multiplicateur; on écrit les unités du
produit et l'on retient les dizaines, pour les ajouter au produit suivant, et ainsi de suite jusqu'au dernier chiffre;*

*Ensuite on multiplie de la même manière tout le multipli-
cande successivement par chacun des chiffres du multiplicateur; mais en observant de placer le premier chiffre de chaque
produit, sous le chiffre par lequel on multiplie;*

*Enfin on additionne les produits partiels, dont la somme
est le produit de la multiplication proposée.*

EXERCICES SUR LA MULTIPLICATION.

	1° 5454		2° 74918		3° 37459
	3009		774		2548
	49086		299672		299672
	1636200		524426		149836
	16411086		524426		187295
			57986532		37459
					57986532

Voir (542) *grandes multiplications abrégées.*

De la Multiplication des nombres décimaux.

105. La multiplication des nombres décimaux s'opère absolument comme celle des nombres entiers, sans avoir égard à la virgule, seulement il faut séparer au produit total autant de décimales qu'il y en a aux deux facteurs réunis.

Ainsi dans la multiplication suivante, de 23,41 par 3, 2,

$$
\begin{array}{r}
23{,}41 \\
3{,}2 \\
\hline
4682 \\
7023 \\
\hline
74{,}912
\end{array}
$$

le produit est 74 entiers, 912 millièmes.

En effet, en considérant la virgule comme supprimée au multiplicande, on l'a rendu par là 100 fois plus grand (64), puisque c'est porter la virgule de 2 rangs vers la droite; en la supprimant aussi au multiplicateur, on l'a rendu 10 fois plus grand; par conséquent, le produit se trouve 100 fois multiplié par 10, c'est-à-dire, 1000 fois trop grand; donc pour le ramener à sa juste valeur, il faut le rendre 1000 fois plus petit; ce qui se fait en portant la virgule de trois rangs vers la gauche (64).

106. Dans tous les cas, pour ramener le produit à sa juste valeur, il faudra toujours en séparer autant de décimales qu'il y en avait aux deux facteurs :

En effet, en considérant la virgule comme supprimée au multiplicande, il est rendu dix fois plus grand, s'il n'y a qu'un seul chiffre aux décimales, cent fois s'il y en a deux, mille fois s'il y en a trois, et ainsi de suite; il est donc rendu de dix en dix fois plus grand selon le nombre de ses décimales. Pareillement, pour le multiplicateur il est rendu plus grand aussi *selon le nombre* de ses décimales.

Or, comme pour rendre le produit dix fois plus petit, c'est en séparant un chiffre, cent fois, en en séparant deux, mille fois, en se séparant trois; en un mot, comme on le rend plus petit aussi *selon le nombre* de décimales qu'on en sépare; il en résulte qu'il faudra toujours séparer, au produit total, exactement le même nombre de décimales qu'il en existait aux deux facteurs.

107. Dans les multiplications de décimales, il faut souvent suppléer par des zéros au nombre insuffisant des chiffres du produit, ainsi supposons $0,03 \times 0,02 = 0,0006$.

Il existait 4 décimales dans les deux facteurs, et le produit 6 n'étant que d'un seul chiffre, il a donc fallu ajouter 3 zéros, ce qui nous a donné pour produit 0,0006, ou 6 dix-millièmes.

108. Il est utile de prévenir que les expressions *doubler, tripler, quadrupler, quintupler*, etc., *décupler, centupler*; signifient la même chose que, multiplier par 2, 3, 4, 5, 10, 100, etc.

EXERCICES SUR LES MULTIPLICATIONS DE NOMBRES DÉCIMAUX
ET DE DÉCIMALES.

3,00041	3,25	0,044	307,46
0,002	400	0,5	1,02
0,00600082	1300,00	0,0220	61492
			307460
			313,6092

(*Autres exercices*, 2me *partie, Arithmétique pratique*, (530).

Des Changements opérés au produit, en les opérant sur les facteurs.

109. Si l'on double, triple ou centuple le multiplicateur, il est évident que le produit en sera deux fois, trois fois, cent fois plus grand; car, on aura répété le multiplicande deux, trois, cent fois plus.

Si, au contraire, on le rend deux, trois, vingt fois plus petit, le produit sera autant de fois plus petit; puis qu'on aura répété le multiplicande deux, trois, vingt fois moins.

Le multiplicande pouvant être pris pour multiplicateur (97). Tout ce qu'on vient de dire du multiplicateur, est applicable au multiplicande; par conséquent :

110. *Multiplier ou diviser l'un des facteurs d'un produit par un nombre, c'est multiplier ou diviser ce produit par ce nombre.*

111. *Mais si l'on multiplie un des facteurs et qu'on divise l'autre par un même nombre, le produit ne change pas.*

Par exemple, si l'on double le multiplicande et qu'on prenne la moitié du multiplicateur, le produit restera évidemment le même; car on aura répété deux fois moins un nombre deux fois plus grand;

$$\text{Ainsi} : 6 \times 4 = 24, \text{ et aussi } 12 \times 2 = 24.$$

112. Le produit resterait le même en rendant le multiplicateur trois, quatre ou un nombre quelconque de fois plus grand, en même temps qu'on rendrait le multiplicande autant de fois plus petit.

Parce que si le produit est rendu, d'abord plus grand en augmentant un des facteurs, il est ensuite rendu autant de fois plus petit par la diminution de l'autre facteur; d'où il suit que le produit reste le même.

113. *Pour former le produit de plusieurs nombres, il en faut multiplier deux l'un par l'autre, le produit de ces deux par un troisième, le produit de ce troisième par un quatrième, et ainsi de suite.*

Par exemple, pour former le produit de 2, 3, 4 et 5, on multiplie 2 par 3, dont le produit est 6; on multiplie 6 par 4, dont le produit est 24; enfin, 24 par 5, dont le produit est 120.

114. On peut indiquer par signes ces diverses opérations, et sans les effectuer (93) : on indique la multiplication des deux premiers nombres ainsi : 2×3; puis leur produit par le troisième, ainsi : $2 \times 3 \times 4$; enfin le produit par le quatrième, ainsi : $2 \times 3 \times 4 \times 5$.

115. Il en résulte que pour former le produit des nombres 2, 3, 4 et 5, on pourrait indiquer les multiplications successives qui doivent conduire à ce produit, et ce produit lui-même de cette manière : $2 \times 3 \times 4 \times 5 = 120$.

116. Quand on forme le produit de plusieurs nombres, il est le même quel que soit l'ordre dans lequel on les multiplie.

Par exemple : le produit des nombres 2, 3 et 4, qui est 24, sera le même en multipliant 3 par 2 par 4, ou 4 par 3 par 2, ou 4 par 2 par 3, etc.

117. En effet, en faisant d'abord le produit de deux premiers nombres, ce produit devient lui-même, avec le troisième nombre, facteur de la seconde multiplication ; or ce qui a été dit de l'échange des deux facteurs d'une multiplication (97), est applicable à cette seconde multiplication, aussi bien qu'à la première ; donc, le produit des deux premiers nombres, qui est 6, multiplié par le troisième 4, ou 4 multiplié par 6, donneront le même produit 24 ; si l'on multiplie le produit de 4 par 3, qui est 12, par 2, ou 2 par 12, on aura encore le même produit 24, et il en sera de même dans tous les cas, quelle que soit la quantité des facteurs proposés (a) : donc, en général ;

118. *Le produit de plusieurs facteurs reste le même quel que soit l'ordre dans lequel on les multiplie.*

De quelques usages de la Multiplication.

119. La multiplication a de nombreuses applications : entre autres, elle sert à déterminer le prix de plusieurs objets, connaissant le prix d'un seul ; ainsi, pour savoir à com-

---

(a) En indiquant les multiplications au lieu de les opérer, cette démonstration devient plus claire. (Voir 2ᵉ part., *Arithm. prat.*, (531).

bien reviennent 10 mètres de drap, à raison de 5 francs le mètre, il faut multiplier le prix par le nombre des mètres, et le produit 50 francs est le nombre de francs cherché;

Elle sert aussi à convertir ou réduire des unités supérieures en unités plus petites.

Par exemple, si l'on veut réduire 6 heures en minutes, sachant que l'heure à 60 minutes, il faut multiplier 60 minutes par le nombre d'heures 6, et le produit 360 est le nombre de minutes cherché.

Il est essentiel de faire observer ici que,

120. *Tout produit est composé d'unités de même espèce que les unités du multiplicande.*

En effet, dans la multiplication le produit n'est autre chose que le multiplicande répété autant de fois que l'indique le multiplicateur; donc les unités du produit sont les mêmes que celles du multiplicande.

Quand il s'agissait de nombres *abstraits,* nous avons posé en principe qu'on pouvait prendre le multiplicande pour multiplicateur, sans rien changer au produit (97).

Cela est vrai et démontré, quant au *nombre* des unités, mais quant à leur *espèce*, lorsqu'il s'agit de quantités *concrètes* (10), l'espèce des unités du produit est invariablement la même que celle des unités du multiplicande.

Par conséquent, si l'on échange la place des facteurs, il ne faut pas perdre de vue l'espèce des unités du multiplicande.

Cette observation est essentielle dans les multiplications des nombres dits complexes, dont nous aurons à nous occuper plus tard.

(*Autres applications,* 2ᵐᵉ *partie, Arithmétique pratique,* (545).

De la preuve de la Multiplication par la Multiplication.

121. La preuve naturelle de la multiplication se fait par la division, ainsi qu'on le verra dans la suite, après avoir traité de la division.

Mais on a tiré des principes précédents une autre preuve de la multiplication, par la multiplication.

Il ne s'agit que de doubler l'un des facteurs et de prendre la moitié de l'autre.

Le produit de ces 2 nouveaux facteurs sera égal au produit de la multiplication première (111).

Cette preuve suppose qu'on sait prendre la moitié ; elle serait donc mieux à sa place après la division.

Si aucun des facteurs de la multiplication ne pouvait se partager exactement par la moitié ; on pourrait prendre indifféremment le tiers, le quart, le cinquième, le septième d'un facteur quelconque, en rendant l'autre facteur autant de fois plus grand (112).

EXERCICES ET PREUVES DES MULTIPLICATIONS
PRÉCÉDENTES (104).

1°	2°	3°
2727	149836	74918
6018	387	774
21816	1048852	299672
2727	1198688	524426
163620	449508	524426
16411086	57986532	57986532

DE LA DIVISION.

122. La division est l'opération par laquelle on cherche *combien de fois* un nombre en contient un autre.

Ainsi, diviser 24 par 6, c'est chercher combien de fois le nombre 24 contient le nombre 6 ; il le contient 4 fois.

123. On appelle le nombre à diviser *dividende*, celui par lequel on divise, *diviseur ;* le résultat de l'opération est appelé *quotient*, parce qu'il exprime *combien de fois (a)*, le dividende contient le diviseur.

124. Le diviseur et le dividende sont encore nommés conjointement *les termes* de la division.

125. Puisque diviser un nombre par un autre, c'est chercher le quotient, c'est-à-dire, *le nombre de fois*, qu'un dividende contient un diviseur, il est évident qu'en répétant le diviseur le *même nombre de fois*, on recomposera le dividende; donc en général :

126. *Dans toute division, le diviseur multiplié par le quotient, reproduit le dividende.*

127. Mais si le diviseur multiplié par le quotient, produit le dividende, on peut donc, dans la division, considérer tout dividende comme un produit, et le diviseur et le quotient comme les deux facteurs de ce produit.

Cela suffit pour faire entrevoir l'analogie existante entre la multiplication et la division, qui est l'opération inverse, par laquelle on décompose un produit que la multiplication a composé ; et l'on comprend déjà que pour faire cette opération, on suivra une règle parfaitement analogue à la précédente, mais seulement dans un ordre inverse.

128. Lorsque le dividende n'a que deux chiffres et le di-

____

(1) *Quoties.*

viseur un seul, c'est la mémoire qui doit fournir aussitôt le quotient, déjà connu par la table de multiplication; car, si l'on sait, par exemple, que 4 fois 6 font 24, on sait nécessairement par là, que 24 contient 6, 4 fois, ou 4, 6 fois : et même on sait aussi que 27 contient 6, 4 fois, ou 4, 6 fois, mais avec un reste 3.

Ainsi la table de multiplication donne tous les quotients, de deux chiffres divisés par un seul. Or la règle ramène les divisions les plus compliquées à ces simples divisions.

Division par un seul chiffre.

129. Pour diviser un nombre de plusieurs chiffres, comme 861, par un seul chiffre, 3, par exemple, on commence par écrire le dividende, et à sa droite le diviseur séparé par un trait; on tire au-dessous du diviseur un second trait sous lequel on écrira le quotient, ainsi ·

```
Dividende.      19.76 | 5            diviseur.
                15      395 et 1/5 quotient.
                47
                45
                26
                25
Reste            1
```

Après on sépare par un point à la gauche du dividende (a), le premier chiffre, ou s'il ne contient pas le diviseur, on en prend deux; on a 19 : c'est le premier dividende partiel, composé de centaines, dans lequel, on cherche combien de fois le diviseur 5 est contenu, en disant : en 19 combien de fois 3? 3 fois (b); on écrit donc au quotient, sous le divi-

----

(a) Dans la division, opération inverse de la multiplication, on commence par où la multiplication a fini, par la gauche.

(b) Car on sait de mémoire, par la table de multiplication, que 5 × 3 font 15; donc 19 contient 5, 3 fois plus un reste 4.

seur, le chiffre 3 qui est celui des centaines du quotient.

Mais pour vérifier si 3 est exactement le quotient et obtenir le reste, s'il y en a un, on multiplie le diviseur 5 par le quotient trouvé 3, ce qui reproduirait le dividende (126) si ce quotient était exact ; on place au-dessous du dividende partiel 19, leur produit 15 qu'on souligne d'un trait ; on retranche du dividende, ce produit pour obtenir le reste, 4, qu'on écrit au-dessous.

On convertit ce reste de centaines en unités inférieures dix fois plus petites, en plaçant un zéro à sa droite, qui le multiplie par 10 (62), et on ajoute le chiffre suivant du dividende général, 7, ce qui compose 47 dizaines ;

130. Mais remarquez que cette double opération de décupler le reste et d'y ajouter le chiffre du dividende, s'opère simplement en abaissant ce chiffre à côté de ce reste.

On obtient ainsi un second dividende partiel de dizaines ; qu'il faut diviser de la même manière, par le diviseur 5, en disant : en 47 combien de fois 5 ? 9 fois ; on écrit donc 9 au quotient, à la droite du chiffre qui s'y trouve déjà placé, puisque les 9 nouvelles unités sont de l'ordre inférieur ; on multiplie le diviseur 5 par 9 ; et l'on place sous le second dividende partiel 47, leur produit 45 souligné, et qui, en étant soustrait, donne un reste 2 à écrire au-dessous.

On convertit pareillement ce reste de dizaines, en unités inférieures dix fois plus petites, et on ajoute le chiffre suivant du dividende total 6, en l'abaissant à côté du reste (130) ; ce qui donne un troisième dividende partiel d'unités 26 ; on le divise par 5, de la manière accoutumée, en disant : en 25 combien de fois 5 ? 5 fois ; on écrit donc 5 au quotient à la droite du dernier chiffre placé ; on vérifie ce quotient, en multipliant le diviseur par lui, et plaçant au-dessous du dividende partiel 26, leur produit 25 ; on fait la soustraction qui donne 1 pour reste.

Tous les chiffres du dividende étant abaissés, la division

est achevée, et les quotients partiels forment dans leur ensemble le quotient total cherché, 395, de la division proposée.

Tels sont les principes pour opérer la division par un seul chiffre; ils sont absolument les mêmes à de faibles changements près, pour les divisions par plusieurs chiffres.

131. Quant au reste 1, trop petit pour contenir le diviseur 5, comme il ne peut donner d'entier au quotient, on indique par signe la division à faire, ainsi : $\frac{1}{5}$; ce qui veut dire *1 à diviser par 5*.

132. Ainsi la division a son signe comme les 3 opérations précédentes, pour indiquer une division à faire; c'est un trait qui signifie *à diviser par*, au-dessus duquel on place le dividende et au-dessous le diviseur. Quelquefois on indique aussi la division par deux points, ainsi, 1 : 5.

133. Dans la pratique, on abrége beaucoup les divisions par un seul chiffre, en ce qu'on n'écrit ni les dividendes partiels, ni les produits, ni les restes; tout se fait mentalement, et l'on écrit seulement les résultats ou quotients. C'est ce qu'on appelle prendre la *moitié*, le *tiers*, le *quart*, le *cinquième*, le *sixième*, etc., au lieu de diviser par 2, 3, 4, 5, 6, 7, 8, 9; ce genre de calcul est d'un usage fréquent.

(Voir 2me partie, Arithmétique pratique, (553).

De la Division par plusieurs chiffres.

134. Pour diviser un nombre par un diviseur de plusieurs chiffres, la règle est la même que la précédente, étant fondée sur le même principe qui consiste toujours à partager le dividende en dividendes partiels, qu'on divise successivement par tout le diviseur, pour obtenir chiffre par chiffre des quotients partiels, dont l'ensemble forme le quotient total que l'on cherche.

Ainsi, supposons 5779 à diviser par 23; on dispose d'abord les deux termes comme il a été dit précédemment, ainsi :

$$157.79 \mid 23$$
$$138 \qquad 686. \frac{1}{23}$$
$$197$$
$$184$$
$$139$$
$$138$$
$$1$$

On sépare à la gauche du dividende assez de chiffres pour contenir le diviseur, 3 puisque 2 ne suffiraient pas : on a 157 pour premier dividende partiel, qu'on divise par 23, en disant : 157 centaines contiennent 23 fois 6 centaines ; donc le quotient se compose de 6 centaines et d'un certain nombre d'unités.

Pour vérifier l'exactitude de ce quotient, et obtenir le reste, s'il y en a un, on multiplie le dividende 23 par 6, on place au dessous du dividende partiel 157, leur produit 138 souligné, qu'il en faut soustraire pour avoir le reste 19, à écrire au-dessous ;

C'est ici le lieu de faire observer qu'un reste de division ne peut jamais être supérieur ou même égal au diviseur ; car le reste le contiendrait une fois de plus, ce qui obligerait à ajouter une unité au quotient.

On met aussi quelquefois au quotient un chiffre trop fort, de manière que la soustraction ne peut avoir lieu ; il faut réparer cette erreur, en ôtant une unité du quotient.

Le reste 19 est composé d'unités supérieures qu'on change en unités inférieures dix fois plus petites, en abaissant le chiffre suivant du dividende total, 7 ; ce qui l'ajoute au reste et décuple ce reste en même temps (130) ; on a ainsi le deuxième dividende partiel 197 dizaines à diviser par 23 ; on écrit 8 au quotient, à la droite du chiffre de l'ordre supérieur qui s'y trouve déjà; on retranche du dividende partiel 197, le produit 184 du diviseur par le quotient, pour obtenir par la soustraction le reste 13, qu'on écrit.

Enfin abaissant le chiffre suivant du dividende 9, à côté du reste 13, on a le troisième dividende partiel 139 qui, divisé par 23, donne au quotient 6; multipliant le diviseur par 6, le produit 138 à retrancher du dividende partiel 139, donne pour reste 1 unité.

135. La division est achevée, puisque tous les chiffres du dividende ont été successivement abaissés, et le quotient de la division est bien 686, mais il y a de plus le reste 1 à diviser par 23.

136. Pour éviter de diviser ce reste, on se contente d'indiquer la division par signe (132), ainsi : $\frac{1}{23}$, ce qui veut dire 1 *divisé par* 23 et s'énonce : un *vingt-troisième;* on nomme cette expression une *division indiquée,* ou *une fraction.*

Nous aurons à donner bientôt des explications sur cette espèce de nombres.

137. Lorsque dans le cours d'une division, le diviseur ne peut être contenu dans le dividende partiel, on place zéro au quotient, pour marquer que ce dividende ne contient aucune fois le diviseur, et pour que tous les autres chiffres du quotient soient à leur place : ensuite, il faut considérer ce dividende partiel comme un reste, à côté duquel on abaisse le chiffre suivant du dividende et continuer l'opération.

138. Enfin, si en abaissant successivement plusieurs chiffres, le dividende partiel ne contenait pas le diviseur, il faudrait écrire un zéro au quotient pour chaque chiffre abaissé.

Par exemple, soit proposé de diviser 370800 par 12, on opère ainsi :

```
370800 | 12
                _______
   36      30900
   ________
   108
   108
   _____
   00000
```

En 37 combien de fois 12? 3 fois : on écrit 3; 3 fois 12 font 36, qu'on écrit; 36 retranchés de 37, il reste 1. Abaissant le chiffre suivant, on a 10 qui ne contient pas 12; on écrit 0 au quotient. On abaisse le chiffre suivant du dividende 8; en 108 combien de fois 12? 9 fois : on pose 9; 9 fois 12 font 108; on écrit 108, retranchés de 108, reste 0. On abaisse le chiffre suivant 0; on a des 0 pour le dividende partiel, dans lequel 12 n'est pas contenu; on écrit un zéro au quotient; on abaisse encore un zéro, et l'on a une suite de zéros qui ne contient pas de diviseur. On place donc zéro au quotient, et la division est achevée, puisqu'il n'y a plus de chiffre à abaisser.

De tout ce qui précède sur la division, on peut résumer la règle générale suivante :

139. *Pour diviser un nombre par un autre, on place le dividende à gauche et le diviseur à droite, séparés par un trait; on tire au-dessous du diviseur un second trait, sous lequel on placera le quotient.*

On prend sur la gauche du dividende assez de chiffres pour contenir ce diviseur; on cherche combien de fois le premier chiffre du diviseur est contenu dans le premier ou les deux premiers chiffres du dividende partiel; on écrit le chiffre trouvé sous le diviseur; on multiplie le diviseur par ce premier quotien partiel, et leur produit est placé au-dessous du premier dividende partiel, dont il faut le soustraire. Si ce produit était trop fort, on ôterait un au quotient; à côté du reste, qui doit toujours être plus petit que le diviseur, on abaisse le chiffre suivant du dividende.

On cherche comme précédemment **combien le second divi-**
*dende partiel contient de fois le diviseur; on écrit le deuxième
quotient partiel trouvé, à la droite du premier; on multiplie
le diviseur par le deuxième quotient partiel et leur produit est
placé sous le deuxième dividende partiel, dont on le soustrait;
à côté du reste, on abaisse le chiffre suivant du dividende, et
l'on continue ainsi jusqu'à ce qu'on ait abaissé tous les chiffres
du dividende proposé.*

*Lorsqu'on rencontre un dividende partiel qui ne contient
pas le diviseur, on met un zéro au quotient avant d'abaisser
un nouveau chiffre du dividende; enfin, s'il y a un reste, on
indique la division en plaçant le dividende au-dessus d'un trait
et le diviseur au-dessous.*

140. C'est pour faciliter l'intelligence de la règle, que
nous y avons prescrit d'écrire au-dessous des dividendes par
tiels, les produits partiels qu'on doit en retrancher, mais
dans la pratique, on abrége cette opération en faisant de
mémoire la soustraction successivement par chaque chiffre
du produit, à mesure qu'on l'obtient; de manière qu'il n'y
a plus à écrire ces produits, mais, seulement, les restes que
donne la soustraction, comme on va le voir dans l'exemple
suivant.

$$\begin{array}{ll}
\textit{dividende}\quad 157.57 & \big|\ \ 23 \quad \textit{diviseur} \\[4pt]
\qquad\qquad\quad 195 & \ \ 685 \ \ \tfrac{2}{23} \ \ \textit{quotient} \\[2pt]
\qquad\qquad\quad 117 & \\[2pt]
\textit{reste}\qquad\quad 002 &
\end{array}$$

Après avoir trouvé que le dividende partiel 157 contenait 6 fois le diviseur 23 (1), on a multiplié le diviseur par le

---

(1) Comme il n'est pas toujours facile de savoir combien le dividende contient le diviseur, on compare seulement les premiers chiffres du dividende et du diviseur, en disant : par exemple, comme
ci-dessus : en 15, combien de fois 2? il y est 7 fois, mais le chiffre
qui suit 2 étant assez élevé, on apprécie que 23 n'est contenu que 6
fois dans 157. (Voir 2ᵉ part., *Arithm. pratique*, (354).

quotient 6, et, commençant par les unités, on a dit : 6 fois
3 font 18, qu'on retranche de suite des unités 7 du quotient
partiel, auxquelles il faut nécessairement ajouter par emprunt, un nombre suffisant d'unités supérieures, pour que la
soustraction puisse avoir lieu ; par exemple, ici, on en ajoute
2 valant 20 unités inférieures, ce qui fait 27, d'où pouvant
retrancher 18, il reste 9 qu'on écrit et l'on retient les 2 dizaines empruntées, pour les ajouter dans la soustraction sui
vante au nombre à soustraire.

On fait le produit des dizaines en continuant à dire ; 6 fois
2 font 12, plus les 2 dizaines retenues font 14; à retrancher
des dizaines du dividende 5, augmentées par emprunt d'une
unité valant 10, ce qui en fait 15 ; d'où retranchant de mémoire 14, il reste 1 dizaine, qu'on écrit à la gauche du précédent reste 9, pour former le reste 19 du dividende partiel 157.

141. On opère de la même manière sur le second dividende partiel 195, qui contient 23, 8 fois, en disant : 8 fois
3 font 24, retranchés de 5, augmentés de 2 dizaines empruntées valant 20, ce qui fait 25, il reste 1 qu'on écrit, et
l'on retient les 2 dizaines empruntées. Puis, 8 fois 2 font
16, plus 2 dizaines retenues font 18, à retrancher de 19;
il reste 1, qu'on écrit à la gauche du reste précédent, ce qui
fait 11 pour reste total.

142. On opère encore de la même manière pour le troisième dividende partiel 117, dont le quotient est 5, en disant :
5 fois 3 font 15, à retrancher de 17, il reste 2, qu'on écrit, et
l'on retient 1 emprunté ; puis, 5 fois 2 font 10, plus 1 retenu font 11, de 11, il reste zéro, qu'on écrit; et pour le reste
2, on indique la division ainsi : $\frac{2}{23}$ (129).

C'est de cette manière qu'on évite d'écrire les produits partiels, et qu'on en opère de mémoire, la soustraction des dividendes partiels, chiffre par chiffre, afin de n'avoir à écrire que
les restes. On voit suffisamment, par cet exemple, comment il
faudrait opérer dans une division plus compliquée.

(*Autres observations, 2.ᵉ partie, Arithm. pratique*, (555).

EXERCICES SUR LA DIVISION.

2083.32	643	2083.32	324	57986.532	37459
1543	324	1393	643	205275	1548
2572		972		179803	
000		000		299672	

Changements opérés au quotient en opérant sur les termes.

143. Si l'on rend un dividende un nombre de fois plus grand ou plus petit, le quotient sera autant de fois plus grand ou plus petit.

Si l'on rend le dividende 3 fois plus grand, on a 72 à diviser par 6, dont le quotient 12 est pareillement trois fois plus grand. Si on rend 24 deux fois plus petit, on a 12, dont le quotient par 6 est 2, deux fois plus petit que 4.

En effet, puisque diviser c'est chercher combien de fois le dividende contient le diviseur, il est clair qu'en rendant le dividende 2, 3, 100 fois plus grand, ce diviseur qui reste le même, y sera contenu, 2, 3, 100 fois plus; et semblablement il y serait contenu 2, 3, 100 fois moins, si, au contraire, on rendait ce dividende 2, 3, 100 fois plus petit.

Ainsi, en général, le quotient subit tous les changements faits sur le dividende; il est multiplié ou divisé à mesure qu'on multiplie ou divise le dividende.

144. Mais pour le diviseur c'est le contraire: le diviseur éprouve des changements inverses de ceux faits sur le diviseur, il est autant de fois plus grand qu'on a rendu le diviseur plus petit et autant de fois plus petit qu'on a rendu le diviseur plus grand.

En effet, puisque diviser c'est chercher combien de fois le dividende contient le diviseur, il est évident, que si l'on augmente le diviseur, il sera contenu moins de fois dans le dividende resté le même, et qu'au contraire si l'on diminue le diviseur, il y sera contenu plus de fois.

Par exemple, ayant 24 à diviser par 6, dont le quotient est 4, si l'on double le diviseur 6, on a 12, qui, diviseur de 24, donne le quotient 2, moitié de 4 ; si l'on rend, au contraire, le diviseur 6 trois fois plus petit, on a 2, qui, divisant 24, donne 12 pour quotient, trois fois plus grand que le quotient précédent 4, donc en général :

145. *Le quotient subit les mêmes changements opérés sur le dividende; si l'on multiplie ou divise le dividende par un nombre, le quotient est multiplié ou divisé par ce même nombre.*

146. *Au contraire, le quotient éprouve des changements inverses de ceux opérés sur le diviseur ; si l'on multiplie le diviseur par un nombre, le quotient est divisé par ce nombre et réciproquement si l'on divise le diviseur par un nombre, le quotient se trouve multiplié par ce même nombre.*

Or, de ces principes on peut tirer cette conséquence :

147. *Si l'on multiplie ou divise les deux termes d'une division par un même nombre, le quotient ne change pas.*

Car, si la multiplication du dividende rend le quotient plus grand (145); celle du diviseur, par un effet inverse, le rend autant de fois plus petit (146); donc le quotient reste le même; et pareillement pour la division des deux termes par un même nombre.

Par exemple, ayant 24 à diviser par 6, dont le quotient est 4, si l'on double les deux termes, on a 48 à diviser par 12, dont le quotient reste le même, 4.

Si l'on prend, au contraire, le tiers des deux termes, on a 8 à diviser par 2, dont le quotient 4 est le même.

148. Conséquemment, si le dividende et le diviseur sont suivis de zéros, on peut en supprimer un égal nombre sur chaque terme, et le quotient reste le même; car la suppression de ces zéros rend les deux termes autant de fois plus petits

149. Si le dividende et le diviseur sont suivis chacun d'un même nombre de décimales, on peut supprimer la virgule dans les deux termes; cette suppression rend également l'un et l'autre 10, 100, 1,000 fois plus grand (64); donc le quotient reste le même (147).

De la division des décimales.

150. Pour diviser les nombres décimaux, la règle est la même que pour les nombres entiers.

Seulement, il faut compléter avec des zéros le nombre des décimales dans les deux termes, supprimer la virgule et opérer la division, de la manière déjà indiquée pour les entiers : il n'y a rien à changer au quotient.

En effet, pour compléter le nombre des décimales dans les deux termes, on ajoute des zéros; mais on sait que les zéros ajoutés à la droite d'un nombre décimal ne changent rien à sa valeur (58); on sait également que supprimer la virgule, dans les deux termes, c'est les multiplier chacun par 100 (64); donc le quotient restera le même (147).

Par exemple, pour diviser 57,5 par 2,32, on complète les décimales à celui des termes qui en a le moins; par l'addition d'un zéro, on a 57,50; puis, supprimant la virgule, on divise 5750 par 232; ainsi :

$$\begin{array}{r|l} 5750 & 232. \\ 1110 & 24.\frac{182}{232} \\ 182 & \end{array}$$

On obtient au quotient 24 entiers et un reste 182, qui, étant trop petit pour contenir le diviseur 232, oblige à placer comme quotient cette expression $\frac{182}{232}$, qui est une division indiquée, autrement dite, une fraction (136).

151. Mais comme c'est précisément pour éviter l'emploi des fractions ordinaires qu'on a recours aux décimales, il convient de s'en servir pour approcher le plus possible des quotients qu'on ne peut obtenir exactement, en convertissant le reste en dixièmes, centièmes, millièmes, etc.

En conséquence, au lieu d'écrire le reste à diviser, sous la forme d'une fraction, on doit continuer la division comme suit, en approchant du vrai quotient par le moyen des décimales.

$$
\begin{array}{r|l}
5750 & 232 \\
1110 & \overline{24{,}784.} \\
1820 & \\
1960 & \\
1040 & \\
112 & \\
\end{array}
$$

Après avoir obtenu le reste 182 de la division des entiers par 232, on change le reste 182 en dixièmes, en ajoutant un zéro, et divisant 1820 dixièmes par le diviseur 232; on écrit au quotient 7 dixièmes, après avoir placé une virgule pour séparer les entiers 24 des dixièmes. Il reste 196 dixièmes, que l'on change en centièmes, en ajoutant un zéro; on obtient 8 au quotient, et il reste 104 centièmes que l'on change en millièmes, en ajoutant un zéro; 1040 divisé par 232, donne 4 au quotient, et un reste de 112 millièmes qu'on pourrait changer en dix-millièmes, le reste suivant en cent-millièmes, par l'addition d'un, de deux zéros et ainsi de suite; mais ici on néglige ce reste de millièmes.

152. C'est là ce qu'on appelle obtenir un quotient d'une division à un millième près; on l'obtiendrait de la même manière, à un dix-millième, à un cent-millième, à un millionième près, en ajoutant successivement aux restes un zéro, deux zéros, trois zéros de plus. *Voir* DÉCIMALES PÉRIODIQUES (559).

EXERCICES SUR LA DIVISION DES NOMBRES DÉCIMAUX.

3,2 : 0,007 = 3200 : 7 = 457,143. 0,003 : 0,2441 = 30 : 2441 = 0,012. *Voir méthode simplifiée de la division des décimales*, 2e partie, (556).

Preuve de la Division par la Multiplication.

153. La multiplication et la division se servent réciproquement de preuve.

Pour faire la preuve d'une division, il faut multiplier le diviseur par le quotient; le produit sera le dividende (126).

Ou, ce qui revient au même, on multiplie le quotient par le diviseur, le produit est le dividende (97).

Lorsqu'on a négligé le reste d'une division, il faut, dans la preuve, ajouter ce reste au produit des deux facteurs pour recomposer le dividende.

EXERCICES SERVANT DE PREUVES AUX DIVISIONS (134 et 140).

```
        23                          685
       686                           23
       ———                          ———
       138                         2055
       184                         1370
       138                 reste      2
 reste     1                        ———
       ————                        15757
      15779
```

Preuve de la Multiplication par la Division.

154. La preuve de la multiplication se fait par la division, dont on ne pouvait se servir avant qu'on ne l'eût démontrée.

En effet, puisque le produit n'est composé que du multiplicande, répété autant de fois que l'indique le multiplicateur : *le multiplicateur indique combien de fois le produit contient le multiplicande;* or, diviser le produit par le multiplicande, c'est chercher combien de fois le produit le contient; donc, on doit retrouver au quotient le multiplicateur, qui indique précisément combien de fois le produit contient le multiplicande; par conséquent :

155. Si l'on divisait le produit par le multiplicateur, on trouverait au quotient le multiplicande.

156. En divisant le produit par le multiplicande, on trouve au quotient le multiplicateur.

Car, nous avons vu précédemment (97), qu'un produit était le même qu'on multipliât le multiplicande par le multiplicateur ou le multiplicateur par le multiplicande, et que tout ce qui était dit du multiplicande était par conséquent applicable au multiplicateur.

Quand on trouve au quotient un autre nombre que l'un des deux facteurs, c'est la preuve qu'il y a une erreur, soit dans la multiplication, soit dans la division, lesquelles il faut recommencer jusqu'à ce qu'on l'ait découverte.

Il résulte de ce qui précède, que :

157. *La preuve de la multiplication se fait en divisant le produit, soit par son multiplicande pour obtenir au quotient le multiplicateur, soit par son multiplicateur pour obtenir au quotient le multiplicande.*

Ou plus brièvement : tout produit divisé par l'un de ses facteurs, donne au quotient l'autre facteur; donc :

158. *Tout produit est divisible exactement par chacun de ses facteurs.*

159. Et par conséquent tout produit provenant de la multiplication de plusieurs nombres, est divisible par chacun de ces nombres.

Par exemple. 24 produit de $2 \times 3 \times 4$; de 12×2; de 8×3; de 6×4, est divisible par chacun de ces facteurs, 2, 3, 4, 12, 8, et 6.

Donc, en général, tout produit est divisible exactement par chacun de ses facteurs.

Il y a encore la preuve par 9. (V. 2ᵉ *part.*, *Arithm. pratique*, (566).

De quelques usages de la Division.

160. La division sert à déterminer le prix d'un seul objet, lorsqu'on connaît celui d'une quantité de ces objets, ou à déterminer la part, ou quote-part, revenant à une seule personne, d'une somme à partager également entre plusieurs; ou à convertir des unités plus petites en unités plus grandes, lorsqu'on sait avec combien de petites une grande peut être formée; ou à décomposer des nombres quelconques en leurs différents facteurs simples ou composés, et, en

général, la division sert à trouver un nombre exprimant combien de fois une quantité quelconque est contenue dans une autre.

161. Il est à propos de faire observer ici que la nature des unités du quotient n'est déterminée que par l'énoncé de la question, qui veut tantôt qu'elle soit de la nature du dividende, tantôt de celle du diviseur, quelquefois d'une autre espèce que de celle des unités du dividende ou du diviseur.

(Voir exemples, 2e partie, Arithm. pratique, (569).

De la divisibilité des nombres.

162. La *divisibilité* d'un nombre par un autre est la propriété qu'il a d'être divisé exactement par cet autre.

Ainsi 36 est dit *divisible* par 2, par 3, par 4, 6, 9, 12 et 18, parce que la division de 36 par chacun de ces nombres, donne un quotient exact.

163. Mais puisque en divisant un produit par l'un de ses facteurs, on obtient exactement l'autre au quotient (157); tout nombre est donc divisible par chacun de ses facteurs.

164. Et par conséquent, pour avoir un nombre divisible par certains nombres donnés, il ne faut qu'en faire le produit, qui devient ainsi divisible par tous les facteurs qui ont concouru à le former.

165. Néanmoins le produit n'est pas *le plus petit nombre possible divisible* par les nombres donnés ; on ne l'obtient qu'en opérant des simplifications indiquées 172.

166. Un nombre divisible par 2 est appelé un nombre *pair ;* dans le cas contraire, c'est un nombre *impair.*

167. Tout nombre est naturellement divisible par lui-même et par l'unité, puisque tout nombre est le produit de l'unité par lui-même.

168. Quand un nombre n'est divisible que par lui-même et par l'unité, on l'appelle un *nombre premier.*

Ainsi, 1, 2, 3, 5, 7, 11, etc.. sont des nombres premiers; jusqu'à 100, on compte 26 nombres premiers, qu'on obtient par une méthode appelée *crible* (a).
Tous les nombres premiers sont impairs, excepté 2.

169. On peut reconnaître à de certains caractères, par quel nombre un autre est divisible (b).

(a) Voir 2e part., Arithm. pratique, (587).
(b) Voir 2e part., Arithm. pratique, (588).

170. *Tout nombre qui en divise un autre, divise également les multiples de cet autre.*

En effet, un nombre est divisible par un second, parce que ce dernier est son facteur (158); or, lorsque le premier nombre se trouve multiplié par un troisième, le second ne cesse pas pour cela d'être facteur du premier et par conséquent du produit, donc, ce produit est divisible par lui.

Ex. $8 : 2 = 4$; 8×3 sera aussi divisible par 2, puisque le facteur 2 ne cesse pas d'exister dans 8×3; en effet, $\dfrac{8 \times 3}{2} = 12$.

171. *Tout nombre divisible par un autre, est divisible également par chacun des facteurs de cet autre.*

En effet, un nombre est divisible par un second, parce que ce dernier est l'un de ses facteurs; or, comme à ce facteur on peut toujours substituer ses propres facteurs dans la formation du nombre divisible, il en résulte qu'ils deviennent ainsi facteurs directs de ce nombre, et qu'il est par conséquent divisible par eux.

Exemple : $48 = 4 \times 12$, est divisible non-seulement par ses facteurs 4 et 12, mais aussi par les facteurs de 12, qui sont 3×4; car, dans la formation de 48, on peut toujours substituer à 12, 3×4, et l'on obtient $48 = 4 \times 3 \times 4$; donc, 3 et 4 sont ainsi les facteurs directs de 48, et par conséquent 48 est divisible par eux.

172. *Pour obtenir le plus petit nombre divisible par des nombres donnés, il faut supprimer ceux des nombres qui se trouvent répétés ; car, il suffit qu'un nombre entre une fois comme facteur dans la composition du produit, pour que ce produit soit divisible par lui autant de fois qu'on voudra ; 2° ceux qui, contenus exactement dans un autre en sont un facteur; car, le produit divisible par le plus grand nombre, le sera également par son facteur (171);3° il faut décomposer les autres nombres en leurs facteurs simples ; pour supprimer ces facteurs partout, excepté dans le nombre où chacun d'eux se trouve le plus de fois facteur; 4° enfin, de tout ce qui reste de facteurs; on forme le produit, qui est le plus petit nombre possible, divisible par les nombres donnés (a).*

Exemple : Pour avoir un nombre divisible par 2, 3, 4, 6, 9, 12, 18, 36 et 27. Si l'on en fait le produit, on obtient 272097792, qui est divisible par eux; mais le plus petit nombre divisible, est 108 obtenu en suivant la règle précédente ; ainsi, on a supprimé tous les facteurs qui se répétaient ou qui étaient contenus dans d'autres, il n'a resté que 36 et 27 qu'on a décomposés en leurs facteurs simples, ainsi : $36 = 2 \times 2 \times 3 \times 3$ et $27 = 3 \times 3 \times 3$; on a supprimé 3 deux fois facteur; il n'est donc plus resté que 4 à multiplier par 27, ce qui produit 108, qui est le plus petit nombre divisible par les nombres donnés.

(a) Ce nombre est le plus petit multiple commun aux nombres donnés.

DES FRACTIONS.

173. *Les fractions sont des parties de l'unité,* comme l'indi que leur nom dérivé du latin (*a*).

Ainsi, lorsqu'on divise un entier en plusieurs parties, chacune de ces parties est ce qu'on appelle, en arithmétique, *une fraction.*

Pour plus de clarté, supposons qu'on partage une pomme en cinq parties, 1, 2, 3 ou 4 de ces parties forment une *fraction,* nommée 1 *cinquième,* 2 *cinquièmes,* 3 *cinquièmes,* 4 *cinquièmes,* et qu'on écrit en chiffres ainsi : $\frac{1}{5}, \frac{2}{5}, \frac{3}{5}, \frac{4}{5}$.

174. On voit donc qu'une fraction est exprimée par deux nombres que sépare un trait (*b*) :

175. Le premier, placé au-dessus, se nomme le *numérateur,* parce qu'il *numère* ou indique la quantité de parties contenues dans la fraction ;

176. Le second, placé au-dessous, est appelé *dénominateur,* parce qu'il *dénomme* ou donne son nom à ces parties.

Ce nom indique en combien de parties l'unité se trouve divisée dans la fraction, et par conséquent combien il en faut pour recomposer l'unité entière.

Ainsi, dans la fraction 2/5, le numérateur 2 indique que cette fraction contient 2 parties, et le dénominateur 5 exprime que ces parties sont des *cinquièmes,* et qu'il faudrait 5 cinquièmes pour faire un entier.

(*a*) *Fractio.*

(*b*) On trace le trait horizontalement, ainsi · $\frac{1}{5}$ ou obliquement ainsi : 1/5, à volonté. Dans les mathématiques avancées, il est nécessaire qu'il soit horizontal pour l'arrangement des formules algébriques : mais dans les affaires on écrit souvent ce trait obliquement, parce qu'il est d'un emploi plus facile dans les calculs chiffrés. Nous nous ser-

177. Le numérateur et le dénominateur sont nommés conjointement les *deux termes* de la fraction.

178. Pour énoncer une fraction, on prononce d'abord le numérateur, et ensuite le dénominateur, auquel on est convenu d'ajouter la terminaison *ième*, comme dans les décimales; ainsi, les fractions $\frac{1}{6}$, $\frac{2}{7}$, s'énoncent un six*ième*, deux sept*ièmes*, et ainsi de suite pour tous les nombres.

179. Il n'y a d'exception que pour les fractions dont le dénominateur est 2, 3 ou 4, qu'on prononce *moitié* ou *demi*, *tiers* et *quart*.

180. Dans ce qui précède, il s'agit de noms seulement, mais pour se former une idée exacte de l'origine des frac-tions, de leur nature et de leur utilité; on doit considérer toute fraction comme une *division indiquée* qui n'a pu s'ef-fectuer, parce que le dividende était trop petit pour contenir le diviseur.

181. En effet, ayant 1 à diviser par 5, on a déjà vu, pour le reste d'une division (131), que, dans l'impossibilité d'o-pérer par les moyens ordinaires une pareille division, où le dividende trop petit ne peut donner d'entiers au quotient, on indiquait cette division par signe, ainsi : $\frac{1}{5}$, ce qui signi-fie 1 *à diviser par* 5; s'énonce *un cinquième*, et exprime le quotient de la division indiquée de 1 par 5.

182. Cette expression $\frac{1}{5}$, est donc à la fois une division indiquée, quand on la considère comme division à faire, une fraction quand on l'énonce, enfin le quotient exact de la division indiquée.

Pour mieux s'en convaincre et rendre l'exemple précé-dent moins abstrait, supposons que l'entier 1 soit un gâ-teau à diviser entre 5 personnes. Quelle fraction du gâteau revient-il à chacune ? Évidemment $\frac{1}{5}$. S'il y avait 6 person-

---

virons de ces deux manières, indifféremment, d'après le plus ou le moins de commodité pour chaque opération.

nes? $\frac{1}{6}$. S'il y en avait 7? $\frac{1}{7}$. Si l'on suppose encore, au lieu de 1 gâteau, qu'on en ait 3 à partager entre 5 personnes, que reviendrait-il à chacune? autant de fois $\frac{1}{5}$, part d'un gâteau, qu'il y a de gâteaux à partager : or, il y en a 3; donc, il reviendrait à chacune évidemment $\frac{3}{5}$.

483. Enfin, on conçoit que, dans tous les cas, la part, revenant à chaque personne, sera toujours déterminée par deux nombres, celui des gâteaux à partager et celui des partageants; en un mot, que le quotient de la division sera une fraction, formée avec les deux termes de la division proposée.

184. Donc, en général, tout quotient d'une division, à dividende trop petit pour contenir son diviseur, est précisément la fraction formée du dividende devenu numérateur et du diviseur devenu dénominateur.

Par conséquent il en résulte que :

185. *Toute fraction, n'est qu'une division indiquée, dont le dividende est le numérateur, le diviseur est le dénominateur, et dont le quotient est la fraction elle-même.*

Mais de cette analogie entre une fraction et la division, il résulte cet avantage, que les fractions n'ont déjà plus rien d'inconnu, que ce qu'on a dit sur la division se trouve applicable aux fractions, et qu'il ne s'agit plus, pour certaines propositions précédemment démontrées, que de substituer aux noms propres à la division, ceux nouveaux qu'on vient d'assigner aux fractions.

Changements opérés sur la valeur d'une Fraction, en opérant sur ses termes.

186. Ainsi que le quotient dans la division (143), une fraction subit les mêmes changements que son numérateur; mais elle éprouve des changements inverses de ceux opérés sur son dénominateur, par conséquent :

187. 1° une fraction est multipliée ou divisée quand on multiplie ou divise son numérateur.

188. 2° Une fraction est divisée en multipliant son dénominateur; et elle est multipliée en divisant son dénominateur.

189. 3° En multipliant ou divisant les deux termes par un même nombre, la fraction ne change pas de valeur.

Ces propositions ayant été démontrées pour les deux termes de la division, il ne reste plus qu'à reconnaître leur exactitude, lorsqu'on les applique aux divisions indiquées, appelées fractions.

Dans cette vérification, nous oublierons volontairement l'origine des fractions, comme on le fait si souvent dans la pratique, et, les considérant en elles-mêmes indépendamment de leur origine, cet examen doit être vu comme une seconde démonstration de vérités déjà reconnues.

1° *En opérant sur le numérateur d'une fraction,* $\frac{2}{5}$, par exemple, si l'on multiplie le numérateur par 2, on dit que la nouvelle fraction $\frac{4}{5}$, est 2 fois plus grande. En effet, au lieu d'exprimer 2 cinquièmes, elle en exprime 4, ce qui est le double.

Si l'on divise le numérateur d'une fraction, $\frac{4}{5}$, par exemple, par 4; on dit que la nouvelle fraction $\frac{1}{5}$ est évidemment 4 fois plus petite; en effet, au lieu d'exprimer 4 cinquièmes, elle n'en exprime plus que 1, ce qui est 4 fois moins.

Et cela résultait même des définitions faites pour les deux termes d'une fraction; car, nous avons dit que, le dénominateur n'est qu'un nom, exprimant *la grandeur* des parties qui forment la fraction, tandis que le numérateur indique le *nombre* qu'elle en contient. Donc, si, sans rien toucher à la grandeur des parties, c'est-à-dire au dénominateur, on en multiplie ou divise le nombre indiqué par le numérateur, il est évident que la valeur de la fraction se trouve directement multipliée ou divisée.

2 Il n'en est pas de même *en opérant sur le dénominateur d'une fraction;* soit $\frac{2}{5}$, par exemple; si, sans rien changer au numérateur, on multiplie le dénominateur par 2, on dit que

la nouvelle fraction $\frac{2}{10}$ est deux fois plus petite que la précédente; en effet, elle exprime bien le même nombre de parties, mais elles sont deux fois plus petites et voici pourquoi:

Le dénominateur indiquant combien il faut de parties formant la fraction, pour faire un entier, il en résulte que :

190. Moins le dénominateur sera *grand*, moins il faudra de parties pour faire un entier; donc, plus elles seront grandes.

191. Plus le dénominateur sera *grand*, plus il faudra de parties pour faire un entier; donc, plus elles seront *petites*.

Ainsi, revenant à l'exemple précédent, 5 cinquièmes suffisent pour faire un entier, tandis qu'il faut 10 dixièmes, c'est-à-dire le double. Les dixièmes sont deux fois plus petits puisqu'il en faut le double pour faire un entier.

192. Au contraire, si l'on divise le dénominateur, sans rien changer au numérateur, la fraction se trouve multipliée.

Par exemple, si l'on divise le dénominateur de la fraction $\frac{2}{6}$ par 2, on dit que la nouvelle fraction $\frac{2}{3}$ se trouve 2 fois plus grande ou multipliée par 2; en effet, on a le même nombre de parties, mais elles sont deux fois plus grandes, puis que le dénominateur étant 2 fois plus petit, il en faut 2 fois moins pour faire un entier.

193. *En multipliant ou divisant par un même nombre les deux termes d'une fraction, sa valeur reste la même.*

En effet, l'augmentation ou la diminution opérée sur la fraction en multipliant ou divisant par un nombre, son numérateur (186), est compensée par la diminution ou l'augmentation qu'elle éprouve par un effet inverse, en multipliant ou divisant, par ce même nombre, le dénominateur. ainsi, les deux termes de la fraction $\frac{2}{5}$ multipliés chacun par 2, produisent $\frac{4}{10}$, fraction de même valeur que la précédente; car, si l'on a des parties 2 fois plus petites, on en a 2 fois plus; ce qui se compense.

Au contraire, si l'on divise les 2 termes de la fraction

$\frac{1}{6}$ par 3, on a $\frac{1}{2}$, fraction de la même valeur; car, si l'on a des parties 3 fois plus grandes, on en a 3 fois moins; ce qui se compense.

194. On peut donc résumer comme il suit les propositions précédentes.

En multipliant En divisant	le numérateur,	on multiplie on divise	la fraction.
En multipliant En divisant	le dénominateur,	on divise on multiplie	la fraction.
En multipliant Ou divisant	les 2 termes par un même nombre	on ne change pas la valeur de	la fraction.

195. C'est ici le lieu de faire observer que, d'après ces principes, on a le choix de deux moyens pour multiplier une fraction par un nombre entier :

Le premier, de multiplier son numérateur; le second, de diviser son dénominateur par ce nombre entier.

On a deux moyens aussi de diviser une fraction par un nombre entier, c'est de diviser son numérateur ou de multiplier son dénominateur par ce nombre entier.

Mais, le moyen par la division est rarement praticable à cause des restes; tandis qu'il est toujours possible par la multiplication.

DES OPÉRATIONS SUR LES FRACTIONS.

196. Il faut expliquer maintenant les opérations auxquelles les fractions sont soumises. Il en est de deux sortes :

Les unes, au nombre de quatre, leur sont communes avec les nombres entiers, ce sont l'*addition*, la *soustraction*, la *multiplication* et la *division*.

Les autres opérations leur sont propres; elles se nomment *des réductions*, et comme se sont, en général, des opérations préparatoires des précédentes, telles que des réductions de fractions au même dénominateur, d'entiers en fraction, etc., il est nécessaire de commencer par elles.

Des réductions de Fractions.

197. On peut distinguer trois espèces de réductions.

1° Réductions de fractions à une plus simple expression.

2°   *Id.*   au même dénominateur.

3°   *Id.*   en entiers ou d'entiers en frac-
[tion.

Des réductions de Fractions à une plus simple expression.

198. Puisque multiplier ou diviser les deux termes d'une fraction par un même nombre, n'en change pas la valeur, il en résulte que, par les fractions, on peut exprimer une même quantité d'une infinité de manières; ce qui n'a pas lieu pour les nombres entiers, dans lesquels une quantité n'est susceptible que d'une seule expression.

Par exemple, si l'on multiplie les deux termes de la fraction $\frac{1}{2}$, successivement par 2, 3, 4, 5, 6 et 7, et ainsi de suite jusqu'à l'infini, elle se trouve changée en une infinité de fractions de même valeur, telles que les suivantes :

$$\frac{2}{4}, \frac{3}{6}, \frac{4}{8}, \frac{6}{10}, \frac{7}{14}, \frac{8}{16}, \text{etc.,}$$

qui toutes représentent, en effet, sous des formes diverses, la *moitié* de l'unité : car, sur 16 parties en avoir 8, sur 14 en avoir 7, sur 10 en avoir 5, c'est bien toujours avoir en différentes parties la moitié de l'unité.

199. Ces fractions de même valeur, quoique sous différentes formes, sont appelées des fractions *identiques*.

Mais de toutes ces fractions, celle préférable pour sa forme est la première, 1/2, parce qu'étant la plus simple, elle exprime plus clairement la valeur de la fraction.

On cherche donc, dans les fractions, à les simplifier autant qu'il est possible; ce qu'on appelle *les réduire à une plus simple expression;* ou bien les exprimer en termes plus petits; donc :

200. *Pour réduire une fraction à une plus simple expres-*

sion, il faut en diviser les deux termes par un même nombre.

On obtient ainsi deux termes plus petits, qui expriment la fraction plus simplement.

201. *Mais pour réduire une fraction à son expression la plus simple, il faut en diviser les deux termes par un nombre qui soit leur plus grand diviseur commun.*

En effet, si l'on divise les deux termes par le plus grand diviseur qu'on puisse obtenir, il est clair qu'on aura les plus petits quotients possibles, et par conséquent l'expression la plus simple de la fraction proposée.

Voici la règle : pour découvrir le plus grand diviseur commun (*par abréviation :* le P. G. D. C.)

Du plus grand diviseur commun.

202. Pour trouver le plus grand diviseur commun (le P. G. D. C.) de deux nombres, il faut diviser le plus grand par le plus petit; après, le plus petit terme par le reste de la division, s'il y en a; ensuite, ce premier reste par le second reste, provenant de la deuxième division; le second reste par le troisième; et ainsi de suite, on divise le reste précédent par le dernier reste jusqu'à ce qu'on trouve un quotient exact. Alors le dernier diviseur est le plus grand diviseur commun que l'on cherche; mais il n'en existe pas lorsqu'on arrive à l'unité pour dernier diviseur, et la fraction est dite *irréductible.*

Exemple : Soit proposé de trouver le **P. G. D. C.** des deux nombres, ou des deux termes de la fraction 705/1692.

$$1692 \quad | \quad 705 \quad | \quad 282 \quad | \quad 141$$
$$\quad \quad \quad 2 \quad \quad \quad 2 \quad \quad \quad 2$$

203. On divise le plus grand terme 1692 par le plus petit 705; on obtient 2 au quotient; plus un reste 282, qu'on n'écrit pas à sa place ordinaire, mais à droite du diviseur 705, qui devient à son tour dividende; car on le divise lui-même par le reste 282, ce qui donne **2** au quotient, plus un reste 141 qu'on place toujours à la droite du diviseur **282**, qui devient aussi dividende à son tour, car on le divise lui-même par le reste 141; enfin, on obtient un quotient exact 2. On en conclut que 141 est le plus grand diviseur commun des deux termes de la fraction.

204. En effet, on trouve que 141 divise 282; il divisera donc aussi 705 qu'on a vu se composer de $282 \times 2 + 141$, et par conséquent aussi 1692 composé de $705 \times 2 + 282$;

Donc 141 est le plus grand diviseur commun des deux termes de la fraction 705/1692 qui, divisés par lui, $= \frac{5}{12}$.

205. *Démonstration.* Le P. G. D. C., dont la condition essentielle est de diviser sans reste les deux termes, ne peut donc surpasser le plus petit, il peut l'égaler; or, on commence précisément par supposer que le P. G. D. C. est égal au plus petit terme; par conséquent, il est contenu, il est contenu dans ce terme une fois.

On cherche, par la division, s'il ne serait pas aussi contenu sans reste dans le plus grand terme; car, cela étant, le P. G. D. C. serait le petit terme lui-même.

206. Mais ce ne peut être lui, si la division donne un reste, et ce reste doit contenir exactement le P. G. D. C. que l'on cherche.

207. En effet, ce diviseur inconnu vient, par la division précédente du grand terme par le petit, d'être soustrait de ce grand terme un nombre exact de fois, le nombre qu'il était contenu dans le plus petit terme.

Or, puisque c'est une condition essentielle que le grand terme contienne *sans reste* le diviseur inconnu, et puisqu'on vient de soustraire de ce grand terme ce diviseur inconnu, un nombre exact de fois, *et qu'il y a un reste;* donc, ce reste doit contenir encore le diviseur cherché un nombre exact de fois.

Les divisions suivantes sont basées sur le même raisonnement.

208. On suppose de nouveau que le P. G. D. C. est égal à ce reste; donc, il y est contenu une fois : on cherche par la

division s'il ne serait pas aussi contenu exactement dans le plus petit terme; car, alors, ce reste serait le diviseur inconnu que l'on cherche.

Mais il ne l'est pas, s'il y a un second reste; et ce reste contient exactement le P. G. D. C. par les mêmes raisons qui précèdent (207);

On continue de la même manière, à diviser le premier reste par le second, le second par le troisième, et ainsi de suite, jusqu'à ce qu'on arrive à un quotient exact; alors le dernier diviseur est le P. G. D. C.;

On peut s'en assurer par le même raisonnement déjà fait pour l'opération précédente, paragraphe 204, où la fraction $705/1692$, divisée par 141, $= 5/12$.

209. Cette fraction $5/12$ est dite *irréductible*, parce que les termes 5 et 12 n'ont plus de facteurs communs, et ils sont appelés par cette raison *des nombres premiers entre eux*.

Quoique la méthode du plus grand diviseur commun soit la plus directe et la plus rigoureuse pour réduire une fraction à sa plus simple expression, on en fait peu d'usage dans les calculs pratiques, dont elle retarderait la rapidité ou dérangerait la symétrie.

On se contente des réductions successives qui s'offrent d'elles-mêmes, ou qu'on peut effectuer facilement à l'aide des nombres premiers 2, 3, 5, 7, 11, etc.

Ainsi, on divise d'abord les deux termes par 2 autant de fois qu'il est possible.

Après on tente la division par 3 ; enfin, on essaie successivement par les autres nombres premiers 5, 7 et 11.

Mais il faut se souvenir qu'un nombre est divisible :

1° par 2, quand il est terminé par 0, 2, 4, 6, 8,

2° par 3 et 9, si en additionnant les chiffres de ce nombre, sans distinction de rang ou de valeur relative, leur somme est divisible elle-même par 3 ou 9.

3° par 4, quand l'ensemble de ses 2 derniers chiffres est divisible par 4.

Voir démonstration de la divisibilité, 2ᵉ partie (594).

4° Par 5, si le dernier chiffre est 5 ou 0 (593).

Exemple : Soit donné de réduire les deux termes ou la fraction $\frac{288}{480}$ à sa plus simple expression.

Les nombres étant pairs, on les divise par 2; on a $\frac{144}{240}$; les nombres restant pairs, on divise par 2, on a $\frac{72}{120}$; encore par 2, $\frac{36}{60}$; encore par 2, $\frac{18}{30}$, par 2, $\frac{9}{15}$; alors par 3, $\frac{3}{5}$, qui est la plus simple expression de $\frac{288}{480}$.

Au lieu de diviser tant de fois par 2, l'habitude aurait fait voir qu'on pouvait diviser par 4, même par 8; on aurait eu de suite $\frac{36}{60}$, qui, divisé par 4, aurait donné plus promptement $\frac{9}{15}$, et divisé par 3, $\frac{3}{5}$.

Autre exemple : Soit donnée la fraction $\frac{252}{336}$, à réduire à sa plus simple expression.

Les nombres étant pairs, on divise par 2, on a $\frac{252}{336} : 2 = \frac{126}{168} : 2 = \frac{63}{84} : 3; = \frac{21}{28} : 7 = \frac{3}{4}$, un des termes étant impair on a tenté la division par 3; elle a donné $\frac{21}{28}$. On essaie la division par 5, impossible; par 7, elle réussit, et l'on obtient $\frac{3}{4}$, qui est la plus simple expression de la fraction proposée.

2° Réduction des fractions au même dénominateur.

210. Pour réduire au même dénominateur deux fractions, il faut multiplier les deux termes de chacune par le dénominateur de l'autre.

Par exemple, pour réduire au même dénominateur les fractions $\frac{2}{3}$ et $\frac{4}{5}$, il faut multiplier par le dénominateur 5 les deux termes de la première, ce qui produit $\frac{10}{15}$, et les deux termes de la seconde $\frac{4}{5}$ par le dénominateur de la première 3, ce qui donne $\frac{12}{15}$. On forme ainsi deux nouvelles fractions qui n'ont pas changé de valeur, puisque les deux termes de chacune ont été multipliés par le même nombre (194), et dont les dénominateurs sont évidemment les mêmes, puisqu'ils sont le produit des deux dénominateurs.

211. *S'il y a un plus grand nombre de fractions pour les réduire au même dénominateur, on multiplie les deux termes de* *chacune par le produit des dénominateurs de toutes les autres.*

Il est évident, que dans toutes les nouvelles fractions, le dénominateur sera le même, puisqu'il sera le produit formé par tous les autres dénominateurs primitifs (118); et que les nouvelles fractions seront de même valeur que les premières, puisqu'on n'a fait que multiplier les deux termes de celles-ci par un même nombre (194).

Par exemple, ayant les fractions $\frac{1}{2}$, $\frac{2}{3}$, $\frac{3}{4}$, $\frac{4}{5}$ à *réduire* au même dénominateur, en multipliant les deux termes de la première $\frac{1}{2}$ par chacun des dénominateurs des trois autres fractions, ou, ce qui revient au même, par leur produit, 60 (113), on a $\frac{60}{120}$; les deux termes de la seconde $\frac{2}{3}$ par le produit des dénominateurs des trois autres, 40, on a $\frac{80}{120}$; les deux termes de la troisième $\frac{3}{4}$, par le produit des dénominateurs des trois autres, 30, on a $\frac{90}{120}$; enfin, les deux termes de la dernière $\frac{4}{5}$, par le produit des trois autres 24, on a $\frac{96}{120}$.

212. Le dénominateur de plusieurs fractions réduites au même dénominateur, se nomme le *dénominateur commun;* 120 est le dénominateur commun des fractions ci-dessus.

La règle précédente conduit, dans tous les cas, à donner un dénominateur commun à des fractions quelconques.

Mais cette opération est beaucoup trop laborieuse dans les calculs de la pratique, quand il y a un grand nombre de fractions; et d'ailleurs, le dénominateur commun que l'on obtiendrait, est beaucoup plus grand qu'il pourrait être, et les fractions obtenues sont toutes *réductibles.*

Il faut donc faire usage d'une autre méthode plus abrégée, qui conduise à obtenir le dénominateur *le plus petit possible;* et par conséquent les fractions de la plus simple expression.

Méthode abrégée pour réduire les fractions au même dénominateur.

213. Puisque réduire des fractions au même dénominateur,

c'est les changer en d'autres fractions identiques, c'est-à-dire de même valeur, qui auront un dénominateur commun, tout consiste donc à faire successivement au numérateur de chacune de ces fractions, le même changement éprouvé par son dénominateur, qu'on remplace par le dénominateur commun.

Car, ce ne sera plus qu'une application de ce principe : si l'on multiplie les deux termes d'une fraction par un même nombre, sa valeur reste la même.

Soit proposé de réduire au même dénominateur les fractions $\frac{1}{2}$, $\frac{1}{3}$, $\frac{1}{4}$, $\frac{1}{6}$.

Si, par exemple, on fait choix de 12 pour dénominateur commun, il faut savoir combien chacun des dénominateurs particuliers devient plus grand par ce changement, qu'il faut également faire subir à chaque numérateur.

Or, on trouve, en divisant 12 par le premier dénominateur 2, que le dénominateur commun est 6 fois plus grand; donc, il faut multiplier le numérateur 1 par 6; et l'on obtient $\frac{6}{12}$, fraction identique de $\frac{1}{2}$.

Divisant 12 par le deuxième dénominateur 3, on trouve que le dénominateur est 4 fois plus grand; donc, il faut multiplier le numérateur 1 de la deuxième fraction par 4, et l'on obtient $\frac{4}{12}$, fraction identique de $\frac{1}{6}$.

On obtient $\frac{3}{12}$ et $\frac{2}{12}$ de la même manière.

214. On fait au numérateur de chaque fraction le même changement qu'a subi son dénominateur remplacé par le dénominateur commun; et pour opérer ce même changement, in divise ce dénominateur commun par chaque dénominateur particulier, et l'on multiplie leur quotient par chaque numérateur, dont le produit est le nouveau numérateur que l'on cherche.

Manière de trouver le dénominateur commun (par abrév. D. C.).

215. Puisqu'il faut diviser le dénominateur commun par

chaque dénominateur, il faut donc que le D. C. soit divisible exactement par chacun des dénominateurs particuliers ; or, le moyen le plus simple, pour satisfaire à cette condition essentielle de divisibilité, est de faire le produit de tous ces dénominateurs ; un produit étant divisible exactement par chacun de ses facteurs (158), on aura toujours ainsi un D. C.; mais pour l'avoir le plus simple possible, il faut, avant de faire le produit, supprimer, pour ne pas les faire entrer dans la composition du D. C., tous les dénominateurs qui sont contenus exactement dans d'autres, et opérer encore diverses simplifications que nous allons expliquer sur un exemple.

Soit proposé de trouver le D. C. des fractions suivantes :

1/2.

2/3.

3/4.

$4/15 = 5 \times 3$

5/6.

3/8.

11/24.

$5/24 = 2 \times 2 \times 2 \times 3.$

1° On commence par pointer les dénominateurs qui sont facteurs des autres, tels que 2, 3, 4, 6, 8, 24 ; car, il suffit que 24 entre une fois dans la composition du produit, pour que ce produit soit divisible par tous les facteurs de 24 supprimés. (171)

2° Ensuite on décompose les dénominateurs qui restent 15 et 24 en leurs facteurs les plus simples, pour supprimer les facteurs qu'ils pourraient avoir de communs ; ainsi 3, facteur commun de 15 de 24, on le supprime dans l'un des deux ; il ne reste donc plus qu'à former le produit de 5 par 24 ; on obtient 120 qui est *le plus petit dénominateur possible.*

120 D. C.

	Produits.	Quotients.		
1/2	60	60	de 120 par 2, ainsi :	$\frac{1}{2} = \frac{60}{120}$
2/3	80	40	— par 3 —	$\frac{2}{3} = \frac{80}{120}$
3/4	90	30	— par 4 —	$\frac{3}{4} = \frac{90}{120}$
4/15	32	8	— par 15 —	$\frac{4}{15} = \frac{32}{120}$
5/6	100	20	— par 6 —	$\frac{5}{6} = \frac{100}{120}$
3/8	45	15	— par 8 —	$\frac{3}{8} = \frac{45}{120}$
11/24	55	5	— par 24 —	$\frac{11}{24} = \frac{55}{120}$
5/24	25	5	— par 24 —	$\frac{5}{24} = \frac{25}{120}$

On place le **D. C.** au-dessus d'une ligne perpendiculaire

à droite de laquelle on posera les quotients; à sa gauche, vis-à-vis des anciens numérateurs, on écrira les produits qui sont les nouveaux numérateurs que l'on cherche.

216. Pour convertir les fractions proposées en d'autres fractions identiques, ayant 120 pour dénominateur commun, on sait (214) qu'il faut rendre leur numérateur, autant de fois plus grand que leur dénominateur l'est devenu.

Or, divisant 120 par 2, le quotient 60 placé à droite de la ligne perpendiculaire, indique qu'il est 60 fois plus grand; donc, il faut multiplier le numérateur 1 par 60, pour le rendre autant de fois plus grand, et l'on écrit à gauche de la ligne, le produit 60, vis-à-vis de l'ancien numérateur 1, qui est le nouveau numérateur cherché.

Divisant 120 par 3, le quotient 40 indique que le D. C. est 40 fois plus grand que le dénominateur particulier 3 de la deuxième fraction $\frac{2}{3}$; il faut donc aussi rendre son numérateur 2, 40 fois plus grand en le multipliant par 40, et l'on écrit vis-à-vis de l'ancien numérateur, le produit 80 qui est le nouveau numérateur cherché.

On continue à diviser ainsi jusqu'à la fin le dénominateur commun par chacun des dénominateurs, et à multiplier leur quotient par chaque numérateur particulier, pour obtenir tous les nouveaux numérateurs auxquels on donne le dénominateur commun, ainsi sont formées les fractions $\frac{60}{120}$, $\frac{80}{120}$, $\frac{90}{120}$, $\frac{32}{120}$, $\frac{100}{120}$, $\frac{45}{120}$, $\frac{55}{120}$, $\frac{25}{120}$, identiques avec les fractions proposées.

Il est bien entendu qu'il faut toujours opérer, après avoir réduit les fractions proposées à leur plus simple expression; autrement le dénominateur trouvé ne serait pas *le plus petit possible*.

Abréviation pour trouver les numérateurs.

217. Au lieu de diviser le D. C. par 4, l'ayant déjà divisé par 2, on aurait pu prendre la moitié du quotient qu'a donné la division par 2; au lieu de diviser par 8, on aurait

pu prendre la moitié du quotient par 4; au lieu de diviser
par 24 le tiers du quotient par 8, et semblablement pour
d'autres nombres.

Quoiqu'un peu longue à démontrer, cette méthode est
d'une exécution prompte et facile dans la pratique.

Son principal emploi est dans l'addition des fractions.

(Voir *autres exercices*, 2ᵉ *part.*, *Arithm. pratique*, (604).

3° Réductions de fractions en entiers et d'entiers en fractions.

218. *Pour réduire des fractions en entiers, on divise le
numérateur par le dénominateur.*

Une fraction n'est qu'une division indiquée dont le dividende était trop petit pour contenir son diviseur; donc, les
fractions où le numérateur se trouve plus fort que le dénominateur, ce qui arrive souvent après les opérations sur les
fractions, ne sont plus des fractions proprement dites; elles
contiennent des entiers qu'il faut en extraire en effectuant
la division indiquée du numérateur par le dénominateur.
C'est là ce qu'on appelle réduire des fractions en entiers.

Ainsi la fraction $\frac{14}{3}$, réduite, donne $4\frac{2}{3}$, et $\frac{7}{3} = 2\frac{1}{3}$.

219. En effet, le dénominateur indique combien il faut
de parties composant la fraction pour faire un entier; donc
autant de fois le numérateur contiendra son dénominateur,
autant d'entiers seront contenus dans la fraction; et le reste,
s'il y en a, conserve son dénominateur, comme dans une
division, le reste a pour dénominateur le diviseur.

220. Il résulte de ce qu'une fraction n'est qu'une division indiquée, ou de ce que le dénominateur indique combien il faut des parties formant la fraction pour recomposer
un entier, que, toutes les fois que le numérateur est égal au
dénominateur, la fraction est ou contient un entier; car, en
opérant la division indiquée, on obtient l'unité.

221. D'où il suit encore, que l'unité peut s'exprimer

en fractions différentes, d'une infinité de manières, pourvu
que les deux termes en soient égaux ; ainsi

$$\frac{1}{1}, \frac{2}{2}, \frac{3}{3}, \frac{4}{4}, \frac{5}{5}, \frac{6}{6}, \frac{7}{7}, \frac{8}{8}, \frac{9}{9}, \text{ etc.}$$

Ne sont autre chose que l'unité exprimée sous la forme de
fractions diverses.

222. Pour réduire une fraction ordinaire en fraction décimale, il faut opérer la division du numérateur par le dénominateur, en considérant le numérateur comme un reste
d'une division où le dénominateur est diviseur, et dont
on veut avoir le quotient en décimales. Il faut, avant tout,
mettre un zéro au quotient pour tenir la place des unités et
opérer comme (151). par exemple, pour réduire en décimales $\frac{182}{232}$, en opérant comme (151) on obtiendra 0,784.

Voir les fractions périodiques, 2ᵉ partie (559).

223. Et réciproquement, *pour réduire des décimales en
fraction ordinaire,* il faut prendre les chiffres de la fraction
décimale pour numérateur d'une fraction à laquelle on
donne pour dénominateur 10, 100, ou 1000, etc., selon que
cette fraction décimale se compose de 10ièmes, de 100ièmes,
de 1,000ièmes, etc., car les noms des décimales ne sont que
de vrais dénominateurs ; ainsi, par exemple, pour réduire
en fractions 0,3, 0,21, 0,36, on écrit $\frac{3}{10}$, $\frac{21}{100}$, $\frac{36}{1000}$; donc
en général :

224. *Pour réduire en fraction ordinaire des décimales, il
faut prendre les chiffres significatifs de la fraction décimale
pour numérateur, et leur donner pour dénominateur l'unité,
suivie d'autant de zéros qu'il y avait de décimales (a).*

225. *Pour réduire un nombre entier en fraction,* on donne
à cet entier l'unité pour dénominateur : ainsi, $8 = \frac{8}{1}$.

*Mais pour réduire un entier en fraction d'un dénomina-
teur donné,* il faut, après avoir changé cet entier en fraction
dont le dénominateur est l'unité, multiplier ses deux termes

(a) On dit *significatifs*, parce que 0,036 s'exprime ainsi : $\frac{36}{1000}$.

par le dénominateur donné ; ainsi, pour réduire 8 en $\frac{1}{7}$ on multiplie $\frac{8}{7}$ par 7 et l'on a $\frac{56}{7}$, par conséquent :

Pour réduire un entier en fraction qui l'accompagne, il faut multiplier cet entier par le dénominateur de la fraction, ajouter le produit au numérateur et donner à la somme le dénominateur de la fraction.

EXERCICES.

Changer 8 en $\frac{1}{9}$, 7 en $\frac{1}{12}$, 5 en $\frac{1}{11}$, 9 en $\frac{1}{13}$.

$$\frac{72}{9}, \qquad \frac{84}{12}, \qquad \frac{66}{11}, \qquad \frac{117}{13}.$$

OPÉRATIONS DE L'ARITHMETIQUE
SUR LES FRACTIONS.

226. On fait sur les fractions les mêmes quatre opérations que sur les nombres entiers ; mais les deux premières exigent la réduction au même dénominateur, opération préparatoire, qui est inutile dans les deux autres.

De l'addition de fractions.

227. Pour faire l'addition de plusieurs fractions, il faut qu'elles aient un même dénominateur.

On ne peut pas plus ajouter les fractions $\frac{2}{3}$ et $\frac{1}{6}$, dont la dénomination, l'espèce ou la grandeur sont différentes, qu'on ne pourrait additionner ensemble deux moutons et trois chevaux ; dont la somme ne serait ni cinq moutons, ni cinq chevaux, mais bien cinq animaux, en leur donnant cette dénomination commune.

228. Quand les fractions ont le même dénominateur, les parties d'unités contenues dans les fractions étant de même espèce, on additionne les numérateurs absolument comme des nombres entiers, et l'on donne à leur somme le dénominateur commun ; ainsi pour les fractions $\frac{1}{7}$, $\frac{2}{7}$ et $\frac{3}{7}$; on a par l'addition des numérateurs la somme 6, à laquelle on donne le dénominateur commun 7, et l'on obtient $\frac{6}{7}$.

229. En effet, on a vu par ce qui précède, que le dénominateur n'était réellement qu'un nom qui indiquait l'espèce ou l'importance des parties contenues dans la fraction ;

il en résulte qu'il suffit de chercher la somme des numérateurs, et de donner à cette somme le nom des parties qui la composent, c'est-à-dire, le dénominateur commun ; donc, en général :

230. *Pour additionner des fractions, il faut qu'elles soient réduites au même dénominateur ; sinon, il faut les y réduire : additionner les numérateurs et donner à leur somme le dénominateur commun ; enfin, l'on extrait, s'il y a lieu, les entiers contenus dans la fraction.*

Par exemple, soit proposé d'additionner les fractions $\frac{1}{2}$, $\frac{2}{3}$, $\frac{4}{5}$, $\frac{5}{7}$, on les réduit d'abord en fractions de même dénominateur, par le moyen déjà indiqué (213), comme suit :

210 D. C.

1/2	105	105
2/3	140	70
4/5	168	42
5/7	150	30

563/210 $= 2 + \frac{143}{210}$

On additionne les numérateurs 105, 140, 168 et 150 et à la somme 563, on donne le dénominateur commun 210 ; on obtient la fraction $\frac{563}{210}$, réduite à $2+\frac{143}{210}$ par l'extraction des entiers qui y étaient contenus.

Si l'on avait des entiers accompagnant des fractions, on additionnerait avec ces entiers les entiers extraits et provenant de l'addition des fractions.

EXERCICES.

1°	24 D. C.		2°	41580 D. C.	
1/2	12	12	3/4.	31185	10395
2/3	16	8	2/5	16632	8316
3/4	18	6	4/7	23760	5940
5/6	20	4	5/11	18900	3780
7/8	21	3	7/12$=3\times2\times2$	24255	3465
11/12	22	2	4/18$=3\times3\times2$	9240	2310
23/24	23	1	2/27$=3\times3\times3$	3080	1540

$132/24 = 5+\frac{1}{2}$ $5\times7\times11\times4\times27 = 41580$ $127052/41580 = 3+\frac{5720}{10524}$

(Voir *autres exercices*, 2ᵉ part., **Arithm. pratique**, (604).

De la soustraction de fractions.

231. Pour comparer deux fractions, elles doivent être de même espèce, et par conséquent avoir même dénominateur; sinon, il faut avant tout les y réduire de la manière précédemment exposée (210).

Après, on retranche le plus petit numérateur du plus grand, et l'on donne au reste le dénominateur commun.

Par exemple, pour soustraire $\frac{8}{12}$ de $\frac{9}{12}$, on retranche 8 de 9, et l'on donne au reste 1 le dénominateur commun, ainsi $\frac{1}{12}$, qui est bien la différence des deux fractions proposées.

Donc en général,

Pour soustraire une fraction d'une autre, il faut d'abord les réduire au même dénominateur; opérer ensuite la soustraction sur les numérateurs, et donner au reste le dénominateur commun.

232. Pour soustraire une fraction d'un nombre entier, on change l'entier en fraction, du même dénominateur que la fraction à soustraire, ce qui ramène l'opération à une soustraction de fractions.

Par exemple, de 2 soustraire $\frac{5}{7}$: on change $\frac{2}{1}$ en 7es, on a $\frac{14}{7}$, d'où retranchant $\frac{5}{7}$, il reste $\frac{9}{7}$; $= 1 + \frac{2}{7}$.

233. Si l'on a à retrancher une fraction $\frac{5}{7}$ d'une fraction plus petite, mais accompagnée d'un entier, comme $2\frac{2}{7}$, on emprunte sur le nombre entier une unité qui, exprimée en fraction de même dénominateur que celle qui l'accompagne, vaut $\frac{7}{7}$ (221), lesquels ajoutés aux 2 septièmes qu'on a déjà, en font 9, et retranchant 5 de 9, il reste 4, auquel on donne le dénominateur commun, ce qui fait $1 + \frac{4}{7}$.

EXERCICES.

$$\frac{5}{6} - \frac{4}{5} = 1\frac{1}{30} \mid \frac{9}{12} - \frac{7}{16} = \frac{60}{192}. = \frac{5}{16} \mid 2.\frac{5}{6} - 1.\frac{7}{8} = \frac{40}{48} = \frac{23}{24}$$

De la multiplication de fractions.

234. *Pour multiplier une fraction par une autre, il faut* *multiplier numérateur par numérateur et dénominateur par dénominateur.*

Ainsi, multiplier $\frac{3}{4}$ par $\frac{2}{3}$, c'est multiplier 3 par 2 pour avoir le numérateur 6, et 4 par 3 pour avoir le dénominateur 12 : ce qui forme la fraction $\frac{6}{12}$, qui en est le produit.

En effet, si l'on supprime pour un instant le dénominateur 3 de la fraction multiplicande, et qu'on suppose avoir à multiplier par 2 entiers. Il faudrait multiplier par 2 le numérateur 3 de la fraction $\frac{3}{4}$ (194), et l'on obtiendrait $\frac{6}{4}$.

Mais ce n'était pas par 2 entiers qu'on avait à multiplier ; c'était par 2 tiers ou $\frac{2}{3}$, c'est-à-dire, par un nombre trois fois plus petit que 2 entiers ; donc, le produit obtenu $\frac{6}{4}$ est trois fois trop grand (110) ; donc, pour le ramener à sa juste valeur, il faut le rendre autant de fois plus petit ; c'est ce qu'on fait en multipliant le dénominateur de la fraction $\frac{6}{4}$ par 3 (195), et l'on obtient ainsi $\frac{6}{12}$ ou $\frac{1}{2}$, qui est le produit de la multiplication de $\frac{3}{4}$ par $\frac{2}{3}$.

On conçoit qu'il en sera de même dans toutes les multiplications de fractions ; car, multipliant la fraction multiplicande, par un nombre entier, c'est-à-dire, par le numérateur de la fraction multiplicateur, dont on a supprimé le dénominateur, il est évident qu'on a un produit trop grand autant de fois que l'indique le dénominateur supprimé, et qu'il faudra, pour le ramener à sa juste valeur, le rendre autant de fois plus petit, en multipliant précisément par ce dénominateur supprimé, le dénominateur de la fraction multiplicande : ce qui revient à la règle générale.

235. *La multiplication de deux fractions s'opère en multipliant numérateur par numérateur, et dénominateur par dénominateur.*

236. Remarquons, avant de passer outre, que le produit de deux fractions est toujours plus petit que chacune d'elles ; car, si l'on multipliait chacune par l'unité, on aurait au produit la fraction elle-même, donc en multipliant par une

fraction plus petite que l'unité, le produit doit être moindre.

237. *Multiplier un nombre par une fraction revient à prendre sur ce nombre, les parties indiquées par la fraction.*

Car le produit du nombre 12 par la fraction $\frac{1}{3}$, par exemple, ou, en changeant 12 en fraction (225), le produit de $\frac{12}{1}$ par $\frac{1}{3}$ est $\frac{12}{3}$; division indiquée, qui fait voir que pour obtenir le résultat, il faut *prendre le tiers du nombre* 12.

S'il s'agit de multiplier par une fraction dont le numérateur n'est pas l'unité, comme $\frac{2}{3}$, par exemple, on opère comme ci-dessus pour $\frac{1}{3}$, et l'on double le résultat. Ce qui revient à prendre deux fois le tiers ou les $\frac{2}{3}$ du nombre 12.

238. Pour multiplier des entiers accompagnés de fractions par des entiers accompagnés de fractions, comme $4\frac{2}{3}$, par $3\frac{4}{5}$, le moyen le plus simple est de convertir avant tout les entiers en fractions.

Ce qui est déjà indiqué (225), et se réduit à multiplier le nombre entier par le dénominateur de la fraction qui l'accompagne; à ajouter le produit au numérateur et à donner à la somme le dénominateur de la fraction.

On obtient ainsi pour les nombres proposés, les 2 fractions $\frac{14}{3}$, à multiplier par $\frac{19}{6}$, ce qui produit $\frac{116}{16} = 21\frac{4}{16}$.

Division des fractions.

239. Pour diviser une fraction par une fraction, il faut multiplier la fraction dividende par la fraction diviseur *renversée*; ce qui est dire, en un mot, qu'il faut multiplier le numérateur de la fraction dividende par le dénominateur de la fraction diviseur, et le dénominateur de la fraction dividende par le numérateur de la fraction diviseur.

Par exemple, si l'on propose de diviser $\frac{3}{4}$ par $\frac{2}{3}$, il faut multiplier la fraction dividende $\frac{3}{4}$ par $\frac{3}{2}$, qui n'est autre que la fraction diviseur *renversée*. Le produit $\frac{9}{8}$ est le quotient des deux fractions proposées.

Démonstration. Si l'on supprimait le dénominateur de la fraction diviseur, et qu'on supposât avoir à diviser $\frac{3}{4}$ par

2 entiers, il faudrait multiplier le dénominateur par 2 (195), et l'on obtiendrait $\frac{3}{4 \times 2} = \frac{3}{8}$.

En supprimant le dénominateur 3, on a rendu la fraction diviseur 3 fois trop grande (188); donc, le quotient obtenu est trois fois trop petit (194); donc, pour le ramener à sa juste valeur, il faut le rendre trois fois plus grand; ce qu'on fait en multipliant le numérateur par 3, ainsi l'on obtient : $\frac{3 \times 3}{4 \times 2}$ ou $\frac{9}{8} = 1\frac{1}{8}$. Ce qui revient à cette règle générale :

240. *Pour diviser deux fractions l'une par l'autre, il faut multiplier la fraction dividende par la fraction diviseur* RENVERSÉE.

241. Observons que le mot *division* appliquée aux fractions n'emporte pas, comme pour les autres nombres, l'idée d'une *diminution*, et remarquons au contraire que le quotient de la division de deux fractions est toujours plus grand que la fraction dividende.

La raison en est simple; si l'on avait à diviser la fraction dividende par 1 entier, le quotient serait la fraction dividende elle-même; donc, en la divisant par une fraction qui est plus petite qu'un entier, on doit trouver au quotient un nombre plus grand qu'elle; car le quotient augmente à mesure que le diviseur diminue (194).

Par conséquent, le mot *contenir* ne convient pas plus à différents cas de la division des fractions que le mot *répéter* à ceux que présente leur multiplication, et l'on ne peut pas dire que le dividende contient le diviseur, lorsqu'il est moindre que ce dernier; cependant, on s'exprime encore ainsi, mais seulement par analogie et par extension.

242. Quand on a un nombre entier à diviser par une fraction ou une fraction par un nombre entier, on peut changer les entiers en fraction, en lui donnant pour dénominateur l'unité (225), et appliquer la règle de la division d'une fraction par une fraction.

$$5 : \frac{2}{3} = \frac{5}{1} : \frac{2}{3} = \frac{5 \times 3}{1 \times 2} = \frac{15}{2} = 7\frac{1}{2}.$$

$$\frac{2}{3} : 5 = \frac{2}{3} : \frac{5}{1} = \frac{2 \times 1}{3 \times 5} = \frac{2}{15}.$$

243. Pour diviser des nombres entiers accompagnés de fractions par des nombres entiers accompagnés de fractions, on réduits les entiers en fractions qui les accompagnent, ce qui ramène l'opération à la division de fractions par fractions.

EXERCICES.

$$\frac{6}{11} : \frac{12}{17} = \frac{85}{132} ; \quad 2 : \frac{5}{6} = \frac{12}{5} = 2\frac{2}{5} ; \quad 1\frac{5}{6} : 2\frac{3}{5} = \frac{11}{6} : \frac{13}{5} = \frac{55}{78}.$$

244 à 253. Pour ces paragraphes qui traitent des fractions de fractions, des nombres complexes qui ne sont plus en usage, des puissances et des racines, carrées et cubiques, sans application utile pour les personnes auxquelles ce livre est destiné, nous renvoyons à l'ARITHMÉTIQUE COMMERCIALE ET PRATIQUE, 8ᵉ édition, dans laquelle ces matières sont exposées avec développement aux paragraphes 244 et suivants, jusqu'à 253.

SYSTÈME

334. On appelle un *système de mesures*, l'ensemble de toutes les

335. *Le système métrique* actuellement en vigueur en France, fut
Cette base a été prise dans la nature pour qu'elle fût immuable;

336. On a donné à cette unité fondamentale des mesures françaises
l'étalon. la mesure de nos mesures, qui toutes se rapportent à lui

MÉTRIQUE.

mesures adoptées par une nation.

créé en 1789, et reçut son nom du *mètre*, qui en est la base.

le *mètre* est la dix millionième partie du quart du méridien terrestre (a).

le nom de *mètre*, du mot grec signifiant *mesure*, parce qu'il est en effet

---

337. Il y a huit espèces de mesures, savoir:

1° De Longueur,   unité, le **MÈTRE** { A la fois unité de toutes les mesures en général, et unité de longueur en particulier } . . *remplace*
Linéaires et Itinéraires.

2° De Superficie,   — l'**ARE** ou 10 mètres carrés, ... *remplace*
ou Agraires ou Carrées.

3° De Solidité,   — le **STÈRE** ou 1 mètre cube, . . *remplace*
ou de Volume ou Cubiques.

4° De Capacité,   — le **LITRE** ou 0,001 du mètre cube. . *remplace*
ou de Contenance.

5° De Pesanteur,   — le **GRAMME** ou poids du centimètre cube d'eau distillée (b). . . . . . *remplace*
ou Poids.

6° De Valeur numéraire,   — le **FRANC** pesant 5 grammes d'argent, ... *remplace*
ou Monétaire.

7° De Durée ou Temporaire.   Voir 2e part., *Arithm. prat.*, (680).
8° Circulaire ou les Degrés.   Voir   *id.*   *id.* (684).

Rapports des mesures

Anciennes aux métriques.

mesures linéaires		mètres.
la toise	=	1,94904
l'aune	=	1,18845
mesures itinéraires		kilomètres.
la lieue terrestre de 25 au degré, 2280 t.	=	4,4444
la lieue marine de 20 au degré, 2850 t.	=	5,5556
la toise carrée		mètres car.
	=	3,798744
la perche carrée des eaux et forêts		ares
	=	0,51071097
l'arpent id.	=	51,071097
—— de Paris	=	34,1887
la lieue carrée		myriamèt. car
	=	0,4375509
la toise cube		mètres cubes.
	=	7,40289034
la corde, eaux et forêts		stères.
	=	2,8391
la solive	=	0,10285
la velte de Paris		litres.
	=	7,450544
la pinte id.	=	0,931318
le muid id.	=	1873,19092
le setier id.	=	156,699996
le boisseau	=	13,008433
le litron	=	0,813021
la livre poids		grammes.
	=	489,505846
id.		kilogramme
	=	0,489505
la livre tournois		franc.
	=	0,987654

Métriques aux anciennes.

le mètre		toises.
	=	0,513074
—		aune.
	=	0,84144
le kilomètre en lieues de 25 au degré		lieues terrestres.
	=	0,225
le kilomètre en lieues de 20 id.		lieues marines.
	=	0,18
le mètre carré		toise car.
	=	0,263245
l'are		arp. eaux et for.
	=	0,0195802
l'hectare	=	1,95802013
id.		arpens de Paris.
	=	2,924943
le myriamètre car.		lieues car.
	=	5,0625
le mètre cube ou sté.		toise cube.
	=	0,136061128
id.		corde.
	=	0,20648
id.		solives.
	=	9,7246
le litre		velte.
	=	0,134218359959
id.		pintes.
	=	1,073746879676
id.		muid.
	=	0,00053817065
id.		setier.
	=	0,006470114609
id.		boisseau.
	=	0,0768730760298
id.		litrons.
	=	1,229983164768
le gramme		livre.
	=	0,002042876019
le kilogramme		livres.
	=	2,042876019
le franc	=	1,0125

{ Voir *Développements* sur le système métrique et le *Tableau des rapports*
usuels très rapprochés des mesures métriques et anciennes, 2e part., (688).

(a) Le méridien terrestre est un grand cercle de la terre passant par ses
que l'arc compris entre l'équateur et le pôle en forme le *quart*. Quelques
et ils en ont conclu la longueur du quart du méridien, dont on a pris la
toise=3pi,0784440=3m.0.po,11li 296/1000 de lig. — (b) Distillée ramenée

deux pôles, et que l'équateur partage en deux partie égales, de manière
astronomes ont mesuré, sans sortir de France un arc d'environ 10 degrés,
dixmillionième partie qu'on appelle *mètre*. — Le mètre = 0,5130740 de
à son maximum de densité, 4 degrés centigrades et pesée dans le vide.

338. Le mètre étant adopté pour base du système, on a voulu que toutes les autres mesures qui s'y rapportent, fussent dans leurs composés, comme dans leurs subdivisions, parfaitement conformes à la numération décimale; on a donc imaginé pour former les composés, ou *multiples*, ces quatre mots tirés du grec :

myria , kilo , hecto , déca
qui signifient : 10,000 , 1000 , 100 , 10

t pour les subdivisions ces quatre mots tirés du latin :

déci , centi , milli , décimilli;
qui signifient : 0,1 , 0,01 , 0,001 , 0,0001.

339. La nomenclature du système métrique se compose donc de ces huit mots auxquels on ajoute comme finale, l'unité de chaque espèce de mesure. On a obtenu ainsi :

		et forme :
le *myria*...	qui égale 10,000	les *myriamètres*, *myriaares*, [*myrialitres*, etc.
kilo.... = 1,000	*mètre*.	les *kilomètres*, *kiloares*, *kilo*-[litres, etc.
hecto.... = 100	*are*.	les *hectomètres*, *hectoares*, (a) [*hectolitres*, etc.
déca.... = 10	*stère*.	les *décamètres*, *décaares*, dé-[calitres, etc.
un.... = 1	*litre*.	les *décimètres*, *déciares*, déci-[litres, etc.
déci.... = 0,1	*gramme*.	les *centimètres*, *centiares*, [centilitres, etc.
centi... = 0,01		les *millimètres*, *milliares*, [*millilitres*, etc.
milli.... = 0,001		les *décimillimètres*, *décimilli*-[ares, *décimillilitres*, etc.
décimilli.. = 0,0001	mètres, ares, stères, litres ou grammes.	

Tel est, dans sa simplicité, le système métrique qui a remplacé l'ancien système, où plus de 800 mots étaient nécessaires; sa nomenclature com prend un très petit nombre de mots, ingénieusement choisis, qui rappellent à la fois le nom de chaque mesure, son rapport à l'unité et l'idée d'une mesure réellement existante.

Ce système, où toute les mesures ont entre elles un rapport commun, est soumis à la loi décimale; car, les composés y sont des multiples décimaux, et les subdivisions de véritables décimales; ce qui ramène les calculs autrefois si pénibles à cet extrême degré de simplification, qu'il suffit souvent d'un simple déplacement de la virgule.

Enfin la base du système métrique, tirée du globe terrestre et sa numération soumise à la loi décimale universellement pratiquée, furent choisies par nos savants, non pour nous seuls, mais pour tous les peuples, qui, reconnaissant déjà la supériorité de ce système, l'ont adopté en partie et l'adopteront sans doute plus tard entière-

---

(*a*) On dit myriare, hectare, décare, pour adoucir la prononciation.

ment, comme une précieuse amélioration due encore au génie de la France.

(Voir *développements*, 2e *part.*, *Arithm. prat.*, (639).

Numération et application des mesures métriques.

340. *Les multiples et les subdivisions des mesures métriques étant soumis à la loi décimale, leur numération et les calculs qui les concernent sont les mêmes que pour les nombres décimaux* (27), par conséquent :

341. Un nombre exprimant des mesures métriques, se lit comme un nombre décimal ordinaire (45), seulement au lieu d'énoncer à la fin le nom de l'unité abstraite, on le remplace par le nom de la mesure qui est indiqué à sa suite.

Par exemple : le nombre abstrait 25,34 s'énonce 25 unités 34 centièmes; mais le nombre concret 25m,34 s'énoncera 25 mètres 34 centimètres; ou 4gr,021 se lira 4 grammes 21 milligrammes.

342. Un nombre exprimant des mesures métriques, écrit en lettres ou dicté, s'écrit en chiffres comme les nombres décimaux (49), seulement à la fin il faut indiquer l'espèce d'unité par l'initiale *m*, *g* ou *l*, selon qu'il s'agit de mètres, de grammes ou de litres; il faut aussi ajouter les zéros nécessaires pour que ces unités ou subdivisions décimales soient à leur place (50);

Exemple : On écrit *mille dix* grammes, *sept* milligrammes, ainsi : 1010g.007; *cent sept* mètres, *trois* millimètres, ainsi 107m,003.

Puisque les multiples et les subdivisions des nouvelles mesures métriques sont assujettis à la loi décimale :

343. *Dans un nombre exprimant des mesures métriques, on peut déplacer la virgule, la valeur de ce nombre reste la même et il n'y a de changé que la dénomination de l'unité :*

Par exemple : 5, 861413 *kilomètres.*
      58, 61413 *hectomètres.*
      586, 1413 *decamètres.*
      5861, 413 *mètres.*
      58614, 13 *décimètres.*
      586141, 3 *centimètres.*
      5861413 *millimètres.*

Toutes ces quantités expriment la même longueur en unités différentes; car si le *nombre* des unités se trouve de dix en dix fois plus grand par le déplacement de la virgule, selon la loi décimale, l'*espèce* de l'unité se trouve en même temps de dix en dix fois plus petite, par sa dénomination, selon le système métrique. Ce qui se compense.

Il faut remarquer que si l'on changeait les *dénominations* seulement, sans déplacer la virgule, ou si l'on déplaçait la virgule sans changer les *dénominations*, ces quantités n'exprimeraient plus la même valeur; mais faisant le double changement dont l'un compense l'autre, elles conservent la même valeur sous des expressions différentes.

343*. Il est encore à remarquer que la partie fractionnaire d'un nombre métrique, peut s'exprimer de deux manières, soit en décimales, soit en subdivisions métriques spéciales : par exemple, 5^{km}, 861, peut s'énoncer 5 *kilomètres* 861 *millièmes de kilomètre*, ou bien 5 kilomètres 861 mètres, ce qui revient au même. Autre exemple : 2^{fr} 25 peut se lire 2 francs 25 centièmes de franc ou 2 francs 25 centimes, 2^m, 031 peut se lire 2 mètres 31 millièmes de mètre ou 31 millimètres.

344. *Pour réduire un nombre de ces mesures en multiples ou en subdivisions de son espèce, il suffit, par un simple déplacement de la virgule décimale , de la porter à la droite du chiffre exprimant des unités de l'ordre demandé.*

Par exemple, 1° Pour convertir le nombre 5861^m,413 en multiples du mètre, en *kilomètres*, par exemple, on le rend mille fois plus petit en portant la virgule de trois rangs vers la gauche; ce qui revient à la transporter à la droite des kilomètres et l'on a 5^{km},861,413, ce qui s'énonce 5 kilomètres, 861 mètres, 413 millimètres, ou plutôt 861413 millimètres ou encore 861413 millionièmes, de kilomètres.

2° Pour réduire 5^{km},861413 en décimètres ou dixièmes de mètres, on rend ce nombre dix mille fois plus petit en portant la virgule de quatre rangs vers la droite; ce qui revient à la porter à la droite des décimètres, ainsi : 58614,13 qui s'énonce 58614 décimètres 13 centièmes de décimètres.

345. Quand le nombre de chiffres est insuffisant, on y supplée par des zéros (65); par exemple, pour convertir 7^m,5 en kilomètres, on écrirait 0^{km},0075; pour le convertir en millimètres on écrirait 7500 millimètres

346. Il est utile faire ici une observation très importante : c'est que les multiples et les sous-multiples des mesures carrées ou cubiques, ne conservent pas entre eux les rapports de numération que leur nom semble indiquer; leur numération est fondée sur celle des carrés et des cubes.

(*Voir* à ce sujet, 2e part., *Arithm. prat.*, (650 et 661).

Addition et Soustraction métriques.

347. Les nouvelles mesures étant de véritables nombres décimaux, l'addition et la soustraction s'opèrent de la même manière que pour eux, mais il faut que les nombres proposés soient formés d'unités de même ordre, et dans le cas contraire, il faut les réduire en unités de même ordre.

Par exemple, pour additionner ou soustraire 44^{décim},5 et 0^{km},0751 dont l'unité principale dans l'un est le décimètre et dans l'autre le kilomètre, l'addition ou la soustraction n'est possible qu'en les

réduisant à une même dénomination , en mètres, par exemple ;
on aura 4ᵐ,45 à additionner avec 75ᵐ,1 dont la somme est 79ᵐ,55 ou
dont la différence est 70,65ᵐ.

On aurait pu les changer en kilomètres, en portant la virgule
du nombre 44,5 décimètres de quatre rangs vers la gauche, ainsi :
0,00445ᵏ·ᵐ·; la somme est 0,07955 de kilom., la différence 0,07065 ᵏ·ᵐ·.

On pourrait aussi les changer en décimètres : ainsi, pour le nombre
en kilomètres 0ᵏᵐ,0751, on aurait 751 décimètres, ce qui donnerait
pour somme 795ᵈᵉᶜˡᵐ,5 et pour différence 706,5 ᵈᵉᶜˡᵐ. (2ᵉ partie, 684)

Multiplication et Division métriques.

348. *La multiplication s'opère comme celle des nombres décimaux.*
Par exemple, le produit de 20ᵐ,5 par 4ᵐ,2 est 86ᵐ,10 ; de 5ᶠʳ,25 par
20ᵍʳᵃ·,2 est 106ᶠʳ·,050 ; de 2ˡˡ·, par 3ˡˡ·,2 est 6ˡˡ·,72. (2ᵉ partie, 684 et 902.)

349. *La division s'opère comme celle des nombres décimaux* (150).
Par exemple : 57ᵐ,5 divisé par 2, 32 donne au quotient 24ᵐ,784.

Réductions ou évaluations.

350. *Pour évaluer ou réduire les subdivisions complexes des anciennes mesures en décimales des nouvelles mesures métriques, il faut opérer
comme pour les décimales ordinaires* (277); on réduit les subdivisions
complexes en celles de la plus petite espèce; le produit devient le
numérateur d'une fraction à laquelle on donne pour dénominateur
le nombre exprimant combien il faut de cette plus petite sub-
division pour faire l'unité principale; ensuite on effectue la division indiquée du numérateur par le dénominateur (222);

351. Et réciproquement, *pour évaluer les subdivisions décimales
des mesures métriques en subdivisions complexes des mesures anciennes, il faut opérer comme pour les décimales ordinaires* (278). On
prend pour numérateur le nombre en décimales métriques auquel
on donne l'unité suivie d'autant de zéros que ce nombre a de chiffres, pour dénominateur, lequel sert à effectuer la division indiquée
du numérateur qu'on multiplie successivement par toutes les subdivisions cherchées (278).

352. *Pour réduire un nombre de mesures anciennes en mesures métriques, il faut le multiplier par le rapport de son unité aux mesures
métriques.*

Exemple : Que valent 6 aunes de drap en mètres ?

$$6 \times 1,18845 = 7^m,13070.$$

353. Et réciproquement, *pour réduire un nombre de mesures métriques en anciennes mesures, il faut le multiplier par le rapport de
son unité aux mesures anciennes.*

Exemple : Que valent en toises 5 mètres ?

$$5^m \times 0,5130741 = 2^t,565370 = 2^t, 3^{pi}, 4^{po}, 8^{ll}. \tfrac{479680}{1000000}.$$

(Voir *pour développement et application*, 2ᵉ part., *Arithm. pratique*, (685).

DES RAPPORTS.

354. On ne peut apprécier les grandeurs qu'en les comparant.

355. Le résultat de la comparaison de deux quantités, est ce qu'on appelle *raison* ou *rapport*, deux mots qui sont synonymes en mathématique.

356. On compare deux quantités entre elles de deux manières. Dans la première, on se propose de savoir de combien la plus grande surpasse la plus petite; alors le résultat est obtenu par la soustraction. Dans la seconde, on veut connaître combien l'une des deux quantités contient l'autre; dans ce cas, le résultat s'obtient par la division.

357. Ainsi, il y a deux espèces de rapports : les *rapports par différence et les rapports par quotient.*

358. On nommait autrefois les premiers *rapports arithmétiques,* et les seconds *rapports géométriques ;* dénominations obscures et sans vérité.

359. Tout rapport se compose de deux termes : le premier que l'on écrit s'appelle *antécédent,* et le second, qui suit immédiatement, se nomme *conséquent.*

Si l'on veut indiquer un rapport par différence, on sépare les deux termes par un seul point, ainsi, 7 . 5; ce point signifie *est à;* le *rapport* ou *la raison* de ce rapport par différence est 2, raison obtenue par la soustraction.

Si l'on veut indiquer un rapport par quotient, on sépare l'antécédent du conséquent par deux points, qui veulent dire aussi *est à,* ainsi, 12 : 3. La raison de ce rapport par quotient est 4, quotient obtenu par la division de l'antécédent par le conséquent.

360. Puisque la raison d'un rapport par différence s'obtient en soustrayant le conséquent de son antécédent, il s'ensuit, par analogie avec la preuve de la soustraction (88), que :

361. *Tout antécédent d'un rapport par différence, est égal à son conséquent plus la raison.*

362. Si l'antécédent se trouvait plus petit que le conséquent, alors le conséquent serait égal à l'antécédent, plus la raison.

363. Puisque la raison d'un rapport par quotient s'obtient en divisant l'antécédent par le conséquent, il s'ensuit, par analogie avec la preuve de la division (153), que :

364. *L'antécédent d'un rapport par quotient est égal à son conséquent multiplié par la raison.*

365. Un rapport par différence peut être considéré comme une soustraction indiquée, et par conséquent, il ne change pas quand on ajoute ou qu'on retranche un même nombre de chacun de ses deux termes; car, la différence ou raison reste évidement la même.

366. Un rapport par quotient peut être considéré comme une *division indiquée* (a), dont l'antécédent est le dividende, le conséquent le diviseur et la raison le quotient; par conséquent, toutes les propriétés de la division seront applicables aux rapports, comme nous avons vu qu'elles étaient applicables aux fractions, qui ne sont aussi que des *divisions indiquées* (186).

Car, *dividende, numérateur, antécédent*, d'une part, *diviseur, dénominateur, conséquent*, d'autre part, et pour les résultats *quotients, fraction* et *raison*, doivent être considérés comme synonymes ou plutôt analogues, exprimant une seule et même chose, mais considérée sous trois points de vue différents, ainsi :

367. *Si l'on multiplie ou divise l'antécédent d'un rapport par un nombre, la raison est multipliée ou divisée par ce même nombre. Au contraire, si l'on multiplie le conséquent par un nombre, la raison est divisée par ce nombre, et réciproquement, si on divise le conséquent par un nombre, la raison se trouve multipliée par ce même nombre.*

(a) On doit se rappeler que les deux points (:), en usage dans les rapports, sont déjà adoptés comme signe de la division (132).

Toutes ces propositions ont été déjà démontrées pour la division (143), ensuite par analogie pour les fractions (194), ce qui dispense d'en répéter ici la démonstration pour le rapport par quotient, qui n'est qu'une fraction, ou qu'une division indiquée (366).

368. Un rapport est dit *inverse* d'un autre, quand i antécédent de ce dernier lui sert de conséquent et réciproquement; ainsi *le rapport inverse* de 3 : 9 est 9 : 3; le premier s'appelle, par opposition, *rapport direct*.

369. Il est toujours possible d'exprimer la raison d'un *rapport par quotient* par une fraction dont l'antécédent est le numérateur et dont le conséquent est le dénominateur.

370. Nous nommerons, à l'avenir, les rapports *par quotient*, simplement rapports; ils ne pourront être confondus avec l'autre rapport, qu'on appellera toujours *par différence*.

Des Equidifférences (ᵃ).

371. Lorsqu'on réunit deux rapports par différence égaux, on forme une proportion par différence, ou plus simplement *une équidifférence*, ainsi nommée parce qu'elle est l'assemblage de deux différences égales.

Les deux rapports par différence 5 . 3 et 9 . 7, qui sont égaux, puisque la différence ou raison, 2, est la même dans les deux rapports, peuvent composer une *équidifférence*, en les réunissant par ce signe : , qui signifie *comme :* ainsi ,

$$5 \ . \ 3 \ : \ 9 \ . \ 7. \quad \text{équidifférence}$$

qui s'énonce : 5 *est à 3 comme 9 est à 7*, donc en général :

372. *Une équidifférence est l'assemblage de deux rapports par différence égaux.*

Comme il y a deux rapports dans une équidifférence, on

(a) Une équidifférence est ce qu'on nommait autrefois une proportion *arithmétique*.

dit des deux termes du premier rapport, *le premier anté-cédent, le premier conséquent,* et des deux termes du deuxième rapport, *le second antécédent, le second conséquent.*

Enfin le premier terme et le quatrième, qui sont aux extrémités de l'équidifférence, se nomment, par cette raison *les extrêmes,* et les deuxième et troisième termes placés au milieu, sont nommés *les moyens.*

373. La propriété fondamentale de toute équidifférence, est que la somme des extrêmes est égale à la somme des moyens.

Par exemple, dans l'équidifférence 9 . 5 : 7 . 3, faisant la somme des deux extrêmes 9 et 3, on a 12; faisant la somme des deux moyens 5 et 7, on a 12 aussi ; on obtient donc deux sommes égales, ce qu'il faut démontrer d'une manière générale.

374. Nous avons vu (361) que tout antécédent d'un rapport par différence, est égal à son conséquent, plus la raison ou différence, donc aux antécédents de l'équidifférence proposée, on peut toujours substituer (*a*) le conséquent plus la raison, désignée par R, ainsi :

1er consé. + R . 1er consé. : 2e consé. + R . 2e consé.

Or, faisant la somme des extrêmes, on a :

1er conséquent + R + *2e conséquent.*

Et faisant la somme des moyens, on a :

1er conséquent + *2e conséquent* + R.

Deux sommes parfaitement égales, et dont l'identité se montre jusque dans les mots; donc, en général :

375. *Dans toute équidifférence, la somme des extrêmes est égale à celle des moyens.*

376. Réciproquement, lorsque dans quatre nombres la

(*a*) Il pourrait arriver que l'antécédent fût plus petit que le conséquent, comme dans 5 : 9 : 3 : 7, alors c'est au conséquent qu'on substituerait l'antédent plus la raison, et l'on obtiendrait la **même** identité entre la somme des extrêmes et celle des moyens.

somme des deux extrêmes est égale à la somme des deux moyens, il y a équidifférence.

Par exemple, les quatre nombres 9, 5, 7 et 3, dont la somme des extrêmes 9 et 3 est égale à celle des moyens 5 et 7, peuvent former l'équidifférence 9 . 5 : 7 . 3, ce qui se démontre d'une manière générale.

En effet, puisque à chaque antécédent l'on peut substituer son conséquent, plus la raison (374), on aura :

$$5 + R . 5 : 3 + R . 3$$

Faisant la somme des extrêmes et celle des moyens, sommes qui, par la proposition même, sont reconnues égales, on a l'égalité suivante : $5 + R + 3 = 5 + 3 + R.$

Dans chaque membre de cette égalité, sur trois nombres, il y en a deux qui sont identiques : le troisième, qui est la raison, doit donc être identique aussi, pour que de part et d'autre, ces trois nombres forment la même somme.

Or, si la raison est la même dans les deux rapports par différence, il y a équidifférence (372); par conséquent :

377. *Lorsque la somme des extrêmes est égale à celle des moyens dans quatre nombres, ils forment une équidifférence.*

378. Il résulte de cette propriété que, sans détruire l'équidifférence, on peut faire entre ces quatre nombres les sept permutations suivantes, qui ne changent rien à la somme des extrêmes toujours égale à celle des moyens.

Ainsi,   9 . 5 : 7 . 3 en changeant les moyens,

donnera 9 . 7 : 5 . 3 en changeant les extrêmes.

—   3 . 7 : 5 . 9

—   3 . 5 : 7 . 9 et les extrêmes mis à la place

des moyens 5 . 9 : 3 . 7 et par les mêmes change-

           5 . 3 : 9 . 7   [ments précédents.

           7 . 3 : 9 . 5

           7 . 9 : 3 . 5

379. Il résulte aussi de la propriété fondamentale des équidifférences (373) que, si l'on connaît trois termes d'une équidifférence, on obtiendra le quatrième terme inconnu,

si c'est un extrême, en retranchant de la somme des deux moyens l'extrême connu; ou, si l'inconnu est un moyen, en retranchant de la somme des deux extrêmes, le moyen connu. Par exemple, pour trouver l'extrême inconnu de l'équidifférence 9 . 5 : 7 . x. (a)

On fait la somme des moyens 5 et 7 qui est 12, et l'on en retranche l'extrême connu 9, pour obtenir 3, qui est l'extrême inconnu que l'on cherche.

380. Quand une équidifférence a ses deux moyens égaux, elle est appelée *équidifférence continue*, comme 3 . 4 : 4 . 5, ce qu'on est convenu d'écrire ainsi, $\div$ 3 . 4 . 5.

Et qu'on énonce :   *comme 3 est à 4, 4 est à 5.* Le nombre 4 est appelé *moyen différentiel.*

381. Pour trouver le moyen différentiel de deux nombres, il faut faire leur somme, et la moitié est le nombre cherché.

381* Dans toute équidifférence continue, la somme des extrêmes est égale au double du terme moyen.

382. Quand après avoir fait cette équidifférence continue $\div$1. 2,3, on la continue encore dans le même rapport ainsi : comme 3 *est à 4*, comme 4 *est à* 5, comme 5 *est à* 6, ce qu'on exprime plus brièvement en écrivant ces termes à la suite de l'équidifférence continue, ainsi :$\div$ 1. 2. 3. 4. 5. 6,

L'équidifférence ainsi prolongée, au delà de trois termes, est appelée une *progression par différence*, et l'on nomme *moyens différentiels*, tous les termes qui se trouvent entre deux termes donnés. *Ex.* : 2, 3, 4, 5, sont les moyens différentiels entre 1 et 6.

DES PROPORTIONS.

383. Lorsqu'on réunit deux rapports égaux, on dit que les quatre nombres qui les composent, sont entre eux en proportion ou plus simplement qu'ils forment ce qu'on appelle *une proportion* (b), donc :

(a) Ordinairement on désigne par x l'inconnue.

(b) On ajoutait autrefois à cette proportion la qualification de *géométrique*, pour la distinguer de la proportion *arithmétique*, nommée maintenant équidifférence(371), ce qui rend inutile cette distinction.

384. *Une proportion est l'assemblage de deux rapports égaux.*

Par exemple, les deux rapports 12 : 4 et 6 : 2, qui ont la même raison 3, peuvent former une proportion que l'on écrit de la manière suivante, en réunissant ces deux rapports par quatre points, qui signifient *comme*,

$$12 \; : \; 4 \; :: \; 6 \; : \; 2, \quad \text{et que l'on}$$

énonce ainsi : 12 *est à* 4 *comme* 6 *est à* 2.

385. Le premier et le dernier terme d'une proportion sont appelés les *extrêmes,* parce qu'ils en sont en effet les extrémités, et les deux termes, placés au milieu, sont nommés *les moyens.*

386. Les deux termes du premier rapport sont dits le *premier antécédent, le premier conséquent,* et ceux du deuxième rapport, sont nommés *deuxième antécédent* et *deuxième conséquent.*

387. La propriété fondamentale d'une proportion est que le produit des extrêmes est égal au produit des moyens.

Par exemple, dans la proportion 12 : 4 :: 6 : 2, le produit des *extrêmes* 12 par 2, est égal au produit des moyens 4 par 6, ce qu'il faut démontrer d'une manière générale.

En effet, puisque dans un rapport l'antécédent est égal à son conséquent, multiplié par la raison (364); on peut substituer le conséquent multiplié par la raison aux antécédents de la proportion proposée, et l'on obtient :

$$1^{er} \text{ consé.} \times R : 1^{er} \text{ consé.} :: 2^e \text{ consé.} \times R : 2^e \text{ consé.}$$

Or, faisant le produit des extrêmes, on a :

$$1^{er} \text{ consé.} \times R \times 2^e \text{ consé.}$$

Et faisant le produit des moyens, on a :

$$1^{er} \text{ consé.} \times 2^e \text{ consé.} \times R$$

Deux produits évidemment égaux, puisqu'ils ont les mêmes facteurs, et que l'identité se montre jusque dans les mots; donc, en général :

388. *Dans toute proportion, le produit des extrêmes est égal à celui des moyens.*

389. Réciproquement, lorsque cette propriété fondamentale des proportions existe, c'est-à-dire, lorsque dans quatre nombres, le produit des deux extrêmes se trouve égal à celui des deux moyens, ils forment une proportion.

Ainsi 12, 4, 6 et 2, dont les extrêmes 12 par 2 donnent un produit 24 qui est égal à celui des moyens 4 par 6, forment la proportion suivante :

$$12 : 4 :: 6 : 2.$$

En effet, à la place des deux antécédents, on peut substituer leur conséquent multiplié par la raison (364), et l'on a :

$$\text{1}^{er} \text{ consé.} \times R : \text{1}^{er} \text{ consé.} :: \text{2}^{e} \text{ consé.} \times R : \text{2}^{e} \text{ consé.}$$

Faisant le produit des extrêmes et celui des moyens, qui, par la question même sont reconnus égaux, on a l'égalité suivante :

$$\text{1}^{er} \text{ consé.} \times R \times \text{2}^{e} \text{ consé.} = \text{1}^{er} \text{ consé.} \times \text{2}^{e} \text{ consé.} + R$$

Mais puisque sur les trois facteurs de ces produits qu'on sait égaux, les deux connus sont identiques, il en résulte nécessairement que le troisième inconnu, la raison, est égale, de part et d'autre.

Or, si la raison est la même dans les deux rapports, ces deux rapports sont égaux, et les quatre nombres forment une proportion (384); donc, en général,

390. *Quatre quantités sont en proportion, lorsque le produit des extrêmes est égal à celui des moyens.*

391. Si quatre quantités sont en proportion toutes les fois que le produit des extrêmes est égal à celui des moyens, on pourra leur faire subir les changements ci-après, sans que la proportion en soit troublée :

Ainsi : 9 : 3 :: 6 : 2 en changeant les moyens,
donnera 9 : 6 :: 3 : 2 en changeant les extrêmes.

        2 : 6 :: 3 : 9

        2 : 3 :: 6 : 9 les extrêmes mis à la place des

moyens 3 : 2 :: 9 : 6 et par les mêmes changements

        3 : 9 :: 2 : 6   . [précédents.

        6 : 9 :: 2 : 3

        6 : 2 :: 9 : 3

Dans tous ces changements, les facteurs du produit des extrêmes et ceux du produit des moyens, restant les mêmes, donneront le même produit; donc, il y a toujours proportion à chaque permutation; la raison change, mais restant égale dans les deux rapports, la proportion subsiste toujours.

392. De la propriété fondamentale des proportions, *le produit des extrêmes est égal à celui des moyens*, il résulte, qu'avec trois termes connus, on pourra toujours découvrir le quatrième.

En effet, en faisant le produit des moyens connus, on obtient aussi le produit des extrêmes, puisque ces deux produits sont égaux; or, si l'on divise ce produit par l'extrême connu qui est un de ses facteurs, on doit retrouver au quotient l'autre facteur, qui est l'extrême inconnu que l'on cherche (157).

Par exemple, pour trouver le quatrième terme d'une proportion dont les trois premiers sont ;

$$12 : 4 :: 6 : x.$$

On multiplie les moyens 4 par 6, pour obtenir leur produit 24 égal au produit des extrêmes 12 par x; donc, le produit 24, étant divisé par l'un de ses facteurs 12 qui est l'extrême connu, on doit obtenir au quotient l'autre facteur inconnu x, qui est ici 2, de sorte qu'on aura la proportion complète. $12 : 4 :: 6 : x = 2.$

393. Si le terme inconnu était un moyen, on ferait le produit des extrêmes, qui est le même que celui des moyens, et l'on diviserait par le moyen connu, pour obtenir le moyen inconnu que l'on cherche.

Et d'ailleurs, par les changements de termes qu'on fait à une proportion sans la troubler, on peut toujours placer la quantité inconnue au quatrième terme. Donc, en général,

394. *Pour obtenir le quatrième terme d'une proportion, il faut diviser le produit des moyens par l'extrême connu.*

Changements qu'on peut opérer sur une proportion.

395. *On peut multiplier ou diviser les deux termes du premier rapport, ou ceux du second par un même nombre, sans troubler la proportion.*

En effet, un rapport n'est qu'une division indiquée dont on peut multiplier ou diviser les deux termes par un même nombre, sans rien changer au quotient, qui est la raison; or, la raison restant la même, la proportion subsiste toujours (384).

396. *On peut multiplier ou diviser les antécédents ou les conséquents d'une proportion par un même nombre, sans la troubler.*

En effet, on opère sur les deux rapports le même changement, par conséquent ils restent égaux; donc, la proportion subsiste toujours.

397. *Si l'on multiplie deux proportions par ordre, c'est-à-dire, le premier terme de l'une par le premier terme de l'autre, le second par le second, et ainsi de suite, les quatre produits formeront une proportion; qu'on appelle alors* PROPORTION COMPOSÉE.

En effet, en multipliant ainsi deux proportions, c'est multiplier les deux rapports égaux de la première par les deux rapports de la seconde, donc, les deux rapports composés qui en résultent, seront égaux entre eux; et par conséquent, formeront une proportion :

Par exemple, 4 : 8 :: 6 : 12
Multiplié par 9 : 3 :: 6 : 2
Produisent 36 : 24 :: 36 : 24, qui est une proportion.

397*. Si au lieu de deux on avait trois ou une suite de proportions, les produits par colonne de leurs termes formeraient une proportion : ce qui est démontré de la même manière, en faisant le produit des 2 premières, puis en multipliant la proportion qui en résulte par la troisième, et ainsi de suite.

398. *Les carrés, les cubes et en général les puissances semblables, de quatre quantités en proportion sont aussi en proportion.*

Car en multipliant la proportion plusieurs fois successivement par elle-même, on a de nouvelles proportions, dont les termes sont les puissances successives de ces quantités.

399. *Réciproquement, les racines carrées, cubiques, et en général les racines semblables de 4 quantités en proportion, sont aussi en proportion.*

400. Les proportions ont encore quelques propriétés moins essentielles pour les calculs arithmétiques, mais indispensables pour la géométrie.

(Voir 2e part., Arithm. prat., (713).

Des proportions continues.

401. On appelle *proportion continue* celle dans laquelle les 2 moyens sont égaux. Par exemple, la proportion $16 : 8 :: 8 : 4$ est une *proportion continue* que l'on écrit par abréviation ainsi : $\div\ 16 : 8 : 4$. Les 2 points et la barre servent à avertir qu'en l'énonçant, il faut répéter deux fois le terme moyen de cette manière :

comme 16 est à 8, 8 est à 4.

Dans la proportion continue le produit des moyens devient le carré de l'un d'eux ; ce carré est égal au produit des extrêmes ; donc l'un des moyens est égal à la racine carrée du produit des extrêmes.

402. Le terme moyen se nomme *moyen proportionnel.*

403. Pour trouver un *moyen proportionnel* à deux nombres donnés, il faut faire le produit de ces 2 nombres, qui

sera celui des extrêmes; en extraire la racine carrée, qui sera le moyen proportionnel que l'on cherche.

Par exemple, pour avoir le moyen proportionnel entre 8 et 2; après en avoir fait le produit 16, on en extrait la racine carrée 4, qui est le moyen proportionnel cherché; et l'on a cette proportion continue : ÷ 8 : 4 : 2.

404. Si après cette proportion continue ÷ 4 : 8 : 16, on continue encore, dans le même rapport, à dire : comme 16 *est à* 32, comme 32 *est à* 64, ce qu'on exprime plus brièvement en écrivant ces termes à la suite de la proportion continue, ainsi : ÷ 4 : 8 : 16 : 32 : 64, cette proportion, ainsi prolongée au delà de trois termes, sera ce qu'on appelle *une progression*, et l'on nomme *moyens proportionnels* tous les termes qui se trouvent entre deux *termes donnes*. Nous traiterons en particulier des progressions.

APPLICATIONS DES PROPORTIONS.

405. Les proportions, dont les principes viennent d'être exposés, ont un emploi constant dans toutes les parties des mathématiques; mais en arithmétique, surtout, elles reçoivent de nombreuses applications fort utiles dans les calculs du commerce et de l'administration.

Nous allons exposer plusieurs règles dites *règles de trois, simple et composée, conjointe, de société, d'alliage et d'intérêt, etc.*, *etc.*, qui ne sont toutes, au fond, que la règle de proportion elle-même, mais appliquée à des cas différents et accompagnée de circonstances particulières, qui ont fait juger convenable de lui donner ces noms spéciaux et distinctifs.

Il importe de se rendre familières ces sortes d'applications.

Nous donnons, dans la 2ᵉ partie (902 *bis*), une méthode récente dite de l'UNITÉ, préférée par les mathématiciens, parce qu'elle sert à résoudre tous les problèmes d'arithmétique, au moyen d'un seul principe.

De la règle de Trois.

406. *La règle de trois* est ainsi nommée, parce qu'elle a pour objet de découvrir le quatrième terme d'une proportion dont on n'en connaît que *trois*.

407. On distingue la règle de trois *simple* et la règle de trois *composée*. La première est celle où l'énoncé de la question ne fournit que trois quantités connues, et la seconde

est dite composée, parce que la question renferme plus de trois quantités connues, mais qu'on réduit à ce nombre, en les composant.

408. L'opération pour effectuer les calculs de la règle de trois, a déjà été expliquée (394), il faut diviser le produit des moyens par l'extrême connu, pour avoir au quotient l'autre extrême inconnu que l'on cherche.

409. La seule difficulté nouvelle, dans la règle de trois, consiste à savoir former la proportion d'après la nature de la question; en un mot, à savoir bien poser les termes de la règle de trois.

Manière de poser la règle de trois.

410. Observons avant tout que, dans une question relative à la règle de trois, parmi les quatre termes qu'elle renferme, y compris *l'inconnue*, il y en a toujours deux de même espèce, et deux autres qui sont aussi de même espèce entre eux, mais différents de la première.

Or, il faut former chacun des deux rapports de la proportion, avec les deux termes de semblable espèce.

On place donc avant tout, au troisième terme, le nombre de même espèce que l'inconnue, qui doit former avec elle le second rapport; ensuite on compose le premier rapport des deux autres nombres d'espèce semblable.

Mais en ayant soin de placer au conséquent *le plus petit,* si l'inconnue doit être *plus petite* que le troisième terme, ou au contraire *le plus grand,* si l'inconnue doit être *plus grande* que le troisième terme; ce que l'examen de la question proposée fait toujours connaître.

Par exemple, 54 *mètres de drap ayant coûté* 810 *fr., on demande ce que coûteront* 9 *mètres?*

On pose d'abord au troisième terme, le nombre 810 francs de même nature que l'inconnue, et qui doit former avec elle le second rapport, ainsi : :: 810 : *x.*

Ensuite, puisque la question fait connaître que l'inconnue, qui est le prix cherché des 9 mètres, doit être *plus petite* que 810 fr., prix connu de 54 mètres, il faut placer au conséquent le *plus petit nombre* 9, qui forme avec 54 les deux termes de même nature du premier rapport; on pose donc :

$$54 \text{ mètres} : 9 \text{ mètres} :: 810 \text{ fr.} : x = 135 \text{ fr.}$$

2e exemple : *Ayant eu 9 mètres de drap pour 135 francs, on demande combien on en aurait pour 810 fr. ?*

On place d'abord au troisième terme 9 mètres, quantité de même nature que l'inconnue; et comme la question indique que l'inconnue doit être *plus grande* que ce troisième terme; car, pour 810 francs, on doit avoir plus de mètres que pour 135, il faut poser au conséquent du premier rapport le *plus grand* des deux nombres de même espèce; il en résulte la proportion suivante :

$$135 \text{ fr.} : 810 \text{ fr.} :: 9 \text{ mètres} : x = 54 \text{ mètres.}$$

3e exemple : *30 hommes ont fait un certain ouvrage en 25 jours, combien faudrait-il d'hommes pour le faire en 10 jours ?*

On place d'abord au troisième terme 30 hommes, nombre de même nature que l'inconnue; et comme l'énoncé de la question indique que l'inconnue est *plus grande* que le troisième, car il faudra plus d'hommes pour faire le même travail en 10 jours qu'en 25, on pose au conséquent *le plus grand* des deux termes de même nature, ainsi :

$$10 \text{ jours} : 25 \text{ jours} :: 30 \text{ hommes} : x = 75 \text{ hommes.}$$

4e exemple : *Un charpentier doit fournir 147 planches de 20 centimètres pour clore un terrain, combien en faudrait-il de 35 centimètres pour la même clôture ?*

On place d'abord le terme de même nature que l'inconnue, 147, au troisième terme; ensuite, comme l'énoncé de la question indique que l'inconnue sera *plus petite* que ce troisième terme, car les planches étant plus larges, il en faudra moins, on doit placer au deuxième terme *le plus petit* des deux nombres de même nature, ainsi :

$$35 \text{ centimètres} : 20 \text{ centimètres} :: 147 \text{ planches} : x = 84 \text{ planches.}$$

Donc, en général :

411. *Pour poser une règle de trois, on commence par placer au troisième terme le nombre de même espèce que l'inconnue; après on place au conséquent du premier rapport, le* PLUS PETIT *des deux nombres de même espèce, si, d'après la proposition, l'inconnue doit être* PLUS PETITE *que ce troisième terme; mais, au contraire, si l'inconnue doit être* PLUS GRANDE, *il faut y poser le* PLUS GRAND.

412. *Pour simplifier les calculs, on peut opérer les mêmes*

changements, non-seulement sur les deux premiers termes, comme termes d'un même rapport (395), mais encore sur le premier et le troisième termes, comme antécédents d'une même proportion (395); donc le premier terme d'une règle de trois subit seul les deux simplifications opérées sur ses deuxième et troisième termes.

De la règle de trois composée.

413. Lorsque dans une question compliquée, le rapport de l'inconnue à la quantité de même espèce qu'elle, dépend de plusieurs circonstances qu'il faut combiner, on pourrait faire autant de règles de trois que la proposition fournit de rapports; ce qui fait ainsi parvenir indirectement à trouver l'inconnue. Mais il faut de ces règles de trois successives, en composer une seule, nommée par cette raison, *règle de trois composée*, qui conduit plus brièvement au même résultat.

Par exemple, 40 hommes ont fait 176 mètres d'ouvrage en 9 jours, en travaillant 12 heures par jour, combien 72 hommes en feront-ils en 14 jours, en ne travaillant que 8 heures ?

On voit que cette question se complique de trois circonstances, qui influeront nécessairement sur l'inconnue; savoir : le nombre d'hommes, la quantité de jours et le nombre d'heures.

Avec ces trois circonstances ou plutôt les trois rapports que fournit la question, on peut faire successivement autant de règles de trois simples.

Ainsi, on cherche d'abord quelle sera la quantité de mètres d'ouvrage, dans le rapport du nombre des hommes *seulement*, laissant de côté les nombres différents de jours et d'heures de leur travail, et supposant au contraire, pour un instant, qu'ils travaillent pendant le même nombre d'heures et de jours; il en résulte cette première proportion :

$$40 \text{ hommes} : 72 \text{ hommes} :: 176 \text{ mètres} : x = 316,80 \text{ mètres.}$$

316 mètres 80 centimètres seraient donc la quantité d'ouvrage produite en raison du nombre d'hommes *seulement;* mais comme les 72 hommes travailleront 14 jours au lieu de 9 jours, ils produiront plus de 316m. 80 c. d'ouvrage, dans le rapport de 9 à 14; ce qui donne lieu à cette seconde proportion :

$$9 \text{ jours} : 14 \text{ jour} :: 316.8 \text{ mètres} : x = 492\text{m}. 80 \text{ mètres.}$$

Enfin, puisque les 72 hommes ne travaillent que 8 heures au lieu de 12 heures comme les 40 hommes, ils produiront moins de 492^m 80 c. dans le rapport de 12 à 8; ce qui donne la troisième proportion :

$$12 \text{ heures} : 8 \text{ heures} :: 492.80 \text{ mètres} : x = 325.20 \text{ mètres.}$$

Ainsi avec les trois circonstances ou rapports d'hommes, de jours et d'heures fournis par la question proposée, on est parvenu indirectement à obtenir le résultat cherché, 325.20 mètres par les trois proportions successives suivantes :

$$40 \text{ hommes} : 72 \text{ hommes} :: 176 \text{ mètres} : x = 316.80 \text{ mètres.}$$
$$9 \text{ jours} : 14 \text{ jours} :: 316.80 \text{ mètres} : x = 492.80 \text{ mètres.}$$
$$12 \text{ heures} : 8 \text{ heures} :: 492.80 \text{ mètres} : x = 328,53 \text{ mètres.}$$

414. Mais on peut abréger beaucoup cette manière indirecte d'arriver au résultat; en effet, on peut faire le produit de ces trois proportions, terme par terme; on sait (397*) qu'il résultera de leurs produits la proportion composée suivante :

prod. des ant. : prod. des consé. :: prod. des ant. du 2e rap. : prod. des consé. du 2e rap.
$$\text{ou } 40 \times 9 \times 12 : 72 \times 14 \times 8 :: 176 \times 316,8 \times 492,8 : 316,8 \times 492,8 \times 325,2$$

415. Or, avant d'opérer ces multiplications indiquées, il est à remarquer que tous les *quatrièmes* termes 316.8 et 492.8 deviennent régulièrement les *troisièmes* termes des proportions qui les suivent, et qu'il en sera de même dans toutes les cas, d'après la marche constante de cette règle; donc, pour simplifier le second rapport composé on peut supprimer tous les facteurs semblables, 316.8 et 492.8, qui figurent à l'antécédent comme au conséquent (395), et il ne restera plus de la proportion composée, que celle-ci beaucoup plus simple :

le produit des ant. : produit des conséq. :: le 3e terme donné : x, 4e terme cherché.
$$\text{ou } 4329 : 8064 :: 176 \text{ mètres} : x = 328,53 \text{ mètres.}$$

416. D'où il faut conclure qu'il n'y a nul besoin, pour trouver l'*inconnue*, d'effectuer les calculs des règles de trois successives; mais qu'il suffit d'établir tous les rapports fournis par la question, les uns au-dessous des autres, pour en composer, par le produit, un *rapport composé*, qui formera proportion avec le troisième terme donné et le quatrième terme inconnu que l'on cherche.

De cette manière, l'inconnue se trouve avec le troisième dans le rapport composé de tous les rapports simples que fournit la question.

On peut donc résumer ce qui précède en ces termes :

417. *Pour faire une règle de trois composée, il faut, avant tout, placer la quantité de même nature que l'inconnue, au troisième terme :*

Ensuite, poser au conséquent de chaque rapport, le PLUS PETIT *des deux nombres de même espèce, si, d'après la proposition, l'inconnue doit être* PLUS PETITE *que le troisième terme; mais, au contraire, si l'inconnue doit être* PLUS GRANDE, *il faut y poser le* PLUS GRAND.

Tous les rapports fournis par la question, étant placés ainsi les uns au-dessous des autres, pour en faire les produits; on opère des réductions semblables dans la colonne des antécédents et dans celle des conséquents (a), *et aussi sur les antécédents et sur le troisième terme* (b); *de sorte, qu'on n'a plus à faire que le produit de ce qui reste, après ces réductions, dans la colonne des antécédents, et le produit de ce qui reste dans la colonne des conséquents; il en résulte une règle de trois dont le produit des moyens, divisé par l'extrême connu, donne au quotient l'inconnue que l'on cherche.*

Il n'est pas utile de donner ici d'autres exemples sur la règle de proportion composée, autrement dite *règle de trois composée,* puisque nous allons en traiter encore sous un autre nom, celui de *règle conjointe,* et donner par conséquent à ce sujet des exemples analogues. Au surplus, on peut recourir, pour d'autres applications, et le détail des réductions à opérer, à la 2ᵉ part. de l'*Arithmétique pratique,* (739).

418. Dans l'exposition des deux règles de trois simple ou composée, et dans la solution des problèmes qui en dépendent, il n'a pas été nécessaire de parler de la règle de trois *directe* ou *inverse,* ni de distinguer les quantités *relatives* des *principales,* ni les *causes* des *effets* etc., ainsi qu'on l'a fait dans divers traités d'arithmétique, d'ailleurs fort estimés; ce serait obscurcir bien inutilement son sujet.

Ces arithméticiens appellent règle de trois *inverse,* celle où l'inconnue est avec le troisième terme dans un rapport *inverse* aux deux autres quantités de même espèce; ils parlent aussi de *relations directes* et *indirectes, de quantités homogènes, etc.,* toutes ces distinc-

---

(a) Ce qui simplifie le premier rapport sans troubler la proportion (395).

(b) Ce qui opère un égal changement sur les deux rapports de la proportion sans la troubler (396).

tions pénibles, qui, malgré les efforts d'explications de leurs auteurs, n'en restent pas moins fort obscures, disparaissent, comme
tout à fait inutiles, dans la méthode simple et uniforme qui vient
d'être exposée, et ce n'est pas un de ses moindres avantages.

De la règle conjointe.

La règle conjointe n'est qu'une variété de la règle de trois composée (413).

419. Lorsque dans l'énoncé d'une question relative à la
règle de trois composée, le rapport de l'inconnue, à la quantité de même espèce qui lui est comparée, doit se composer
de divers rapports parfaitement liés entre eux, comme il arrive toujours pour les poids, mesures et monnaies étran-
gères, alors cette question donne lieu à une espèce particulière de règle de trois composée, nommée plus spécialement
règle conjointe, par la double raison, *qu'on joint* ou réunit
plusieurs règles de trois, et aussi qu'on *joint* ensemble tous
les rapports donnés, lesquels doivent se lier entre eux, et
s'*enchaîner* pour ainsi dire (*a*) sans aucune interruption.

Il résulte de cette circonstance essentielle, que, laissant
de côté les principes généraux de la règle de trois composée,
qui seraient cependant applicables à ce genre de questions,
on leur en a substitué d'autres plus spéciaux, moins sujets
à erreur et tirés précisément de cette indispensable conjonc-
tion ou liaison entre eux de tous les rapports donnés.

Par exemple, *Sachant que* 15 *fr. valent* 1 *pistole; qu'une pistole vaut*
1088 *maravedis ; que* 375 *maravédis valent* 1 *ducat; on demande ce que*
12000 *fr. valent en ducats d'Espagne.*

On peut réduire d'abord les 12000 fr. en pistoles, au moyen du
premier rapport : 15 fr. valent 1 pistole; ensuite, la valeur des 12000
francs étant obtenue en pistoles, peut se convertir en maravédis à
l'aide du second rapport : 1 pistole vaut 1088 maravédis; enfin, la
valeur des 12000 fr. étant obtenue en maravédis, on peut la changer
en ducats avec le secours du dernier rapport : 375 maravédis valent
1 ducat.

(*a*) Cette règle s'appelle, en Allemagne et en Angleterre, règle de *chaîne.*

C'est ainsi qu'à défaut du rapport direct des francs aux ducats, on obtient indirectement la valeur des 12000 fr. en ducats, par ces 3 règles successives :

$$15 \text{ fr.} \quad : \quad 1 \text{ pist.} \quad :: \quad 12000 \text{ fr.} \quad : x = 800 \text{ pist.}$$
$$1 \text{ pist.} \quad : 1088 \text{ mara.} \quad :: \quad 800 \text{ pist.} \quad : x = 870400 \text{ mar.}$$
$$375 \text{ mar.} \quad : \quad 1 \text{ duc.} \quad :: 870400 \text{ mara.} \quad : x = 2321 \text{ duc.} \tfrac{1}{15}$$

Mais on sait que, faisant le produit des trois proportions précédentes et supprimant les nombres 800 et 870400, qui reviennent régulièrement, par la nature même de la question, au *troisième* terme, du *quatrième* qu'ils occupaient dans la proportion précédente (414), on obtiendra, sans chercher péniblement les trois résultats successifs, la proportion suivante (415) :

Le prod. des antéc. : prod. des consé. :: le 3ᵉ terme : x.

Il en résulte qu'on arrive absolument au même résultat en posant la règle comme il suit, et en plaçant les antécédents et les conséquents les uns sous les autres pour en faire le produit :

$$15 \text{ fr.} \quad : \quad 1 \text{ pist.}$$
$$1 \text{ pist.} \quad : 1088 \text{ marav.}$$
$$5 \text{ mar.} \quad : \quad 1 \text{ ducat}$$
$$(a) :: \quad 12000 \text{ fr.} : x = \frac{1 \times 1088 \times 1 \times 12000}{15 \times 1 \times 375} = 2321 \text{ duc.} 1/15.$$

Or, cette règle vient d'être opérée par les principes déjà connus de la règle de trois composée (413); mais en considérant attentivement l'opération précédente, on a reconnu que, d'après la nature même des questions relatives à la règle conjointe,

1° LE PREMIER ANTÉCÉDENT *doit toujours être de* MÊME ESPÈCE *que le nombre que l'on veut changer;*

2° TOUT CONSÉQUENT *est constamment la* VALEUR *de son antécédent;*

3° TOUT ANTÉCÉDENT *doit être de* MÊME ESPÈCE *que le conséquent du rapport qui le précède;*

4° *Enfin, le* DERNIER CONSÉQUENT *est de* MÊME ESPÈCE *que l'inconnue.*

Tels sont les principes spéciaux qui doivent diriger, dans la manière de poser la règle conjointe. Leur application exigeant moins de raisonnement que ceux de la règle de trois composée, devient moins sujette aux erreurs, qui, d'ailleurs, trouvent difficilement place au milieu de ces rapports de poids ou de monnaies qui se lient parfaitement entre eux.

Ayant donné la manière de poser la règle conjointe, il resterait à

(a) On a placé même le troisième terme au-dessous de la colonne des conséquents, puisque, comme terme moyen, il doit être en définitive, multiplié par le produit de cette colonne.

indiquer maintenant tous les moyens d'en opérer le calcul en l'abrégeant par les réductions semblables, qu'on peut opérer sur les antécédents et les conséquents; mais ces réductions étant déjà indiquées (417), il n'y a plus à en répéter ici l'indication, il faut y recourir au besoin, et voir, pour de plus amples développements sur ces réductions et les applications de la règle conjointe, la 2ᵉ partie de l'*Arithmétique pratique*, (793).

Quant aux personnes qui voudraient approfondir toutes les applications de cette règle importante, aux changes étrangers, aux spéculations et aux arbitrages de banque, ils doivent consulter l'ouvrage spécial du même auteur sur ces matières, qui font seules l'objet d'un volume (*a*).

DE LA RÈGLE DE SOCIÉTÉ,

ou de compagnie, ou de partage proportionnel.

420. La règle de société est ainsi nommée, parce qu'elle sert le plus souvent à partager, entre associés, les pertes ou les gains provenant de leur société, proportionnellement à la mise de fonds de chacun d'eux.

Elle serait mieux nommée *règle de partage proportionnel*.

Sous un point de vue plus général, cette règle a pour objet de partager une quantité *proportionnellement* à des nombres donnés; ou, en d'autres termes, de la diviser en parties *proportionnelles* qui aient entre elles des rapports donnés.

On distingue la règle de société simple et la composée; elle est *simple* quand la proposition fournit les parties proportionnelles, les rapports, enfin les nombres qui doivent servir de base au partage, et elle est dite *composée* quand ces nombres n'y sont pas énoncés, et qu'il faut les déterminer avant tout par l'analyse de la question.

Exemple : *Trois associés ont gagné* 24,000 *francs; on demande ce qui revient à chacun proportionnellement à sa mise de fonds, qui est pour le premier de* 50,000, *pour le second,* 30,000, *et pour le troisième,* 20,000, *formant ensemble le capital social de* 100,000.

421. Pour résoudre cette question, il faut considérer que le gain de chacun des associés doit être contenu dans le gain *total*, 24000 fr.

(*a*) Nouveau traité complet du Change et de la Banque, renfermant un cours d'opérations et d'arbitrages de banque; un traité du pair du change; de la valeur intrinsèque du numéraire de tous les peuples; suivi d'un dictionnaire des places de change.

comme la mise de fonds de chacun est contenue, dans la mise *totale*, qui est ici de 100,000 francs; car celui qui a versé à lui seul la moitié du capital, doit avoir proportionnellement la moitié des bénéfices, et ainsi des autres associés dont la part sera proportionnelle à leur mise de fonds particulière.

En conséquence, on place au troisième terme le nombre de même nature que l'inconnue (411), qui est ici le gain total à partager, 24000; ensuite, comparant les deux autres termes de même nature, qui sont le capital total 100,000 et la mise de fonds du premier associé 50,000, on obtient la proportion suivante :

Le capital : la mise du 1er :: le gain total : $x =$ part du 1er.

422. Il faut faire autant de proportions qu'il y a de parts à obtenir; on aura donc :

$$100000 : 50000 :: 24000 : x = 12000 \text{ fr. part du 1}^{er}.$$
$$100000 : 30000 :: 24000 : x = 7200 \quad \text{part du 2}^{e}.$$
$$100000 : 20000 :: 24000 : x = 4800 \quad \text{part du 3}^{o}.$$
$$\overline{\quad 100000 \text{ fr.} \quad} \qquad \overline{\quad 24000 \text{ fr.} \quad}$$

Ainsi se trouve effectué entre les trois associés le partage du bénéfice de la société, proportionnellement à la mise de fonds de chacun : les trois parties réunies doivent former le bénéfice entier.

2e exemple : *Un département fournit 2400 hommes pour le recrutement de l'armée; la population des trois arrondissements dont se compose le département, est, pour le premier, de 50000 hommes, le second, de 30000, et le troisième, de 20000; quel est le contingent de chaque arrondissement, proportionnellement à sa population ?*

$$100,000 \text{ hommes} : 50000 \text{ hom} :: 2400 \text{ hom} : x = 1200 \text{ contin. du 1}^{er} \text{ arrond.}$$
$$100,000 \qquad\quad : 30000 \qquad :: 2400 \qquad : x = 720 \quad — \quad \text{du 2}^{e}$$
$$100,000 \qquad\quad : 20000 \qquad :: 2400 \qquad : x = 480 \quad — \quad \text{du 3}^{o}.$$
$$\qquad\qquad \overline{\quad 100000 \quad} \qquad\qquad \overline{\quad 2400 \quad}$$

3e exemple : *Trois négociants ont fait en société, une opération qui a produit 12000 fr. de gain; on demande ce qui revient à chacun en proportion de sa mise de fonds, et aussi en proportion du temps pendant lequel elle est restée dans la société.*

Le premier a versé 5000 fr. qu'il a laissés   7 *mois.*
Le second   — 7000   —   6 *mois.*
Le troisième   — 3000   —   10 *mois.*

423. Les associés ayant laissé leur mise de fonds pendant des temps inégaux dans la société, il faut les convertir en d'autres mises équivalentes pour des temps égaux : *c'est en multipliant chaque mise par la durée différente de chacune.*

En effet, pour le premier versement, par exemple, il est évident que 5000 francs pendant 7 mois ou 5000 multiplié par 7, c'est-à-dire,

35000 francs pendant un seul mois, produiront le même intérêt. On peut donc remplacer les mises de fonds à temps inégaux par les mises de fonds à temps égaux suivantes :

$5000 \times 7 = 35000$ pour le premier; $7000 \times 6 = 42000$ pour le second, et $3000 \times 10 = 30000$ pour le troisième.

Après, il ne reste plus qu'à opérer comme dans l'exemple précédent :

$$107000 : 35000 :: 12000 : x = 3925 \quad 24 \text{ part du } 1^{er}.$$
$$107000 : 42000 :: 12000 : x = 4710 \quad 28 \text{ part du } 2^e.$$
$$107000 : 30000 :: 12000 : x = 3364 \quad 48 \text{ part du } 3^e.$$

$$\overline{107000} \qquad \overline{12000 \quad 00}$$

C'est cette règle qu'on appelle la *règle de société simple, à temps inégaux*.

De la règle de société composée.

424. La règle de société composée est celle où les nombres proportionnels, servant de base au partage, ne sont pas donnés dans la proposition, ce qui oblige à les trouver avant tout, d'après la question proposée.

1ᵉʳ exemple : On propose de partager 1300 fr. en trois parties, dont la première soit à la seconde :: 5 : 4, et la première à la troisième :: 7 : 3.

Pour trouver les nombres proportionnels :

Il faut réduire les deux rapports à un premier terme commun, *en multipliant les deux termes de l'un par le premier terme de l'autre, et réciproquement.*

Alors on a les deux rapports, 35 : 28 et 35 : 15, les nombres proportionnels 35, 28 et 15 sont trouvés, et l'opération se réduit à partager 1300 en trois parties qui soient entre elles comme les nombres 35, 28 et 15, ainsi que dans les exemples précédents (420).

425. Si au lieu de deux rapports il y en avait trois, et qu'il s'agisse de partager un nombre en quatre parties, dont la première serait à la seconde dans le rapport de 5 : 7; la première à la troisième :: 9 : 5; la première à la quatrième :: 7 : 3,

426. *On réduirait les rapports à avoir le premier terme commun, en multipliant les deux termes de chacun par le produit des antécédents de tous les autres; à peu près comme on opère pour réduire les fractions à un même dénominateur* (211).

Alors on aurait, :: 315 : 441 :: 315 : 175 :: 315 : 135, ce qui revient à partager le nombre proposé en quatre parties, qui seraient entre elles comme 315, 441, 175 et 135, opération semblable aux précédentes.

2ᵉ exemple : *Un général, après une bataille, fait la revue de son armée, et trouve 1/4 de morts, 1/5 de blessés, 1/3 de prisonniers. de ma-*

nière qu'il ne lui reste plus que 26000 hommes, on demande de combien d'hommes l'armée était composée.

427. Il faut réduire les fractions $\frac{1}{4}, \frac{1}{5}, \frac{1}{3}$ au même dénominateur et en faire l'addition ; on a $\frac{15}{60} + \frac{12}{60} + \frac{20}{60}$, dont la somme est $\frac{47}{60}$; en conséquence, le reste de l'armée 26000 hommes se trouve être les 13/60 de l'armée.

On place au troisième terme le nombre de même nature que l'inconnue 26000 hommes, et on forme le premier rapport du reste 13/60 de l'armée, comparé à l'armée entière, représentée par 1, ainsi qu'il suit : $\frac{13}{60}$: 1 :: 26000 hommes : x — 120000 hommes.

En effet, il y avait, en morts,   le 1/4 $=$ 30,000 hommes.
en blessés,   le 1/5 $=$ 24,000   —
en prisonniers, le 1/3 $=$ 40,000   —
le reste sous les armes   26,000, qui forment

ensemble, l'armée entière de   120,000 hommes.

5e exemple : *Un corsaire a fait pour 800,000 fr. de prises, la moitié du montant des prises appartenant aux actionnaires, on demande ce qui revient à chaque homme de l'équipage, dont la composition et les parts sont ainsi déterminées :*

1 capitaine ayant droit à. . . . . 12 parts.
2 seconds, chacun. . . . . 8 parts . . 16
3 lieutenants. 6. 18
20 matelots. . . . . 1 1/2. . . . 30
8 novices. . . . . » 1/2. . . . 4
                                    80 parts.

428. On a dabord fait le nombre total des parts, qui est 80, et après avoir retranché la moitié des prises pour les actionnaires, on a divisé l'autre moitié 400,000 par le nombre des parts 80, ce qui a donné le produit de l'une de ces parts, 5000 fr., qu'il faut multiplier par le nombre de parts ou la fraction que doit avoir chaque homme de l'équipage, pour trouver ce qui revient à chacun.

Il résulte de ce qui précède, en résumant autant que possible les procédés d'une règle aussi variée dans ses applications, que,

429. *Pour opérer la règle de société, ou de partage proportionnel, faut assez généralement :*

1° *Faire la somme des nombres proportionnels (comme 421);*

2° *Poser autant de règles de trois qu'il y a de parts à trouver, dont chacune a pour troisième terme la somme totale à partager, et pour premier rapport, le total des parties proportionnelles comparé à chacune d'elles (comme 422);*

3° *Multiplier les capitaux par le nombre d'ans, de mois ou de jours qu'ils sont restés dans la société, lorsque les mises sont à temps inégaux afin de les réduire à des temps égaux (comme 423):*

4° *Réduire les fractions, lorsque la proposition en fournit, comme par les proportionnelles, au même dénominateur;*

Ou si des rapports sont donnés, les réduire à un premier terme commun, en multipliant les deux termes de chacun des rapports par le produit des antécédents de tous les autres (comme 426);

5° *Trouver avant tout les nombres proportionnels, lorsque la proposition ne les donne pas, par l'analyse de l'énoncé* (comme 427).

6° *Déterminer le quotient d'une seule part, lorsque les parts sont en grand nombre, afin de n'avoir plus qu'à le multiplier par le nombre ou la fraction de parts revenant à chaque partageant* (comme 428).

Il y a de nombreuses applications à faire de cette règle.

(Voir 2e partie, Arithm. pratique, (802).

Règle d'intérêt.

430. *L'intérêt* est le bénéfice que rapporte l'argent placé. La somme placée ou prêtée s'appelle alors *le capital.*

431. Ce que rapporte un capital de 100 francs, pendant un an, est nommé le *taux* de l'intérêt ; il est ordinairement à 4, 5 ou 6 francs, plus ou moins, pour 100 francs prêtés pendant une année

432. Ainsi, le taux de l'intérêt *varie*, mais la base, 100 francs, sur laquelle on l'apprécie, est *invariable et fixe ;* aussi dit-on, pour abréger, que l'intérêt est à 4, à 5, à 6, sans rien ajouter de plus; ou bien on ajoute *pour cent* qu'on écrit, par abréviation, ainsi : p. 0/0.

433. On distingue l'intérêt *en dehors* et l'intérêt *en dedans, l'intérêt simple* et *l'intérêt composé* dont nous traiterons séparément.

434. En général, dans toutes les questions sur l'intérêt, il y a quatre choses essentielles à considérer : *le capital*, *l'intérêt*, *le taux* de cet intérêt et *le temps* de sa durée. Ce qui donne lieu à des propositions de quatre espèces différentes qu'on peut toutes résoudre par la règle de trois; car trois de ces données étant connues, on peut obtenir facilement la quatrième.

1er *ex.* : Quel est l'intérêt de 1000 f. à 5 p. 0/0 pendant un an? Cette question donne lieu à cette proportion :

$$100^f : 1000^f :: 5 : x = 50^f .$$

2e *ex.* : Quel est le capital de 50 ^{f} d'intérêts à 5 p. 0/0 l'an?

$$5 : 50^f :: 100^f : x = 1000^f$$

3° *ex.* : Quel est le taux de l'intérêt de 1000^f ayant rapporté 50?

$$1000^f : 100^f :: 50 : x = 5^f$$

435. Si l'on doit prélever l'intérêt pendant plus ou moins d'une année, il faut d'abord chercher l'intérêt d'une année, et le multiplier par le temps donné.

1er *ex* : Quel est l'intérêt de 1000 fr. à 5 p.0/0 pendant 2 ans 7 mois 15 jours? — On cherche l'intérêt d'un an :

$$100 : 1000 :: 5 : x = 50$$

on a 50 fr. qu'on multiplie par 2 ans 7 mois 15 jours = 131 fr. 26 c.

2e *ex.* : Quel est le capital de 131 fr 26 cent. d'intérêt à 5 p. 0/0 pendant 2 ans 7 mois 15 jours?

$$5 : 131,26 :: 100 : x = 2625.20$$

capital à diviser par 2 ans 7 mois 15 jours = 1000

Dans le 1er rapport on a comparé l'intérêt 5 pendant 1 an à l'intérêt 131.26; mais comme 131.26 est l'intérêt pendant plusieurs années ; la somme obtenue est autant de fois plus grande qu'il y a d'années; il faut donc diviser le résultat 2625.20 par le nombre d'années, 2 ans 7 mois 15 jours, pour avoir le capital cherché.

On pourrait diviser de suite 131.26 par 2 ans 7 mois 15 jours = pour avoir l'intérêt d'une année qui est 50 fr. et dire :

$$5 : 50 :: 100 : x = 1000 \text{ fr.}$$

3e *ex.* : Quel est le taux de l'intérêt de 1000 fr. rapportant 131.26 pendant 2 ans 7 mois 15 jours?

On divise l'intérêt 131.26 par le temps, 2 ans 7 mois 15 jours; pour avoir l'intérêt d'un an qui est 50 fr. et l'on dit :

$$1000 : 100 :: 50 : x = 5.$$

4ᵉ *ex* : Quel est le temps de placement d'une somme de 1000 francs ayant rapporté 131.26 à 5 p. 0/0 ?

Il faut chercher l'intérêt de la somme donnée pendant un an, qui est ici de 50 fr., et puisque 131,26 sont les intérêts d'un an multipliés par le temps, en divisant ce produit par l'intérêt d'un an, on obtiendra l'autre facteur qui est le temps, c'est-à-dire 2 ans 7 mois 15 jours.

Il résulte de ce qui précède cette règle générale :

436. Les questions diverses sur l'intérêt, où il s'agit de trouver l'intérêt, le capital ou le taux, pendant un an, sont résolues par la règle de trois simple, qui, à l'aide des trois quantités données, fait obtenir la quatrième que l'on cherche.

Mais dans les questions où le temps est plus ou moins qu'une année, il faut d'abord trouver l'intérêt d'un an, qu'on multiplie par le nombre d'années, pour avoir les intérêts de plusieurs; ou qui sert au contraire à diviser l'intérêt de plusieurs années, pour avoir le temps, si l'on cherche le temps.

De l'intérêt en DEDANS et en DEHORS.

437. Il y a deux manières de prélever l'intérêt : dans la première, on l'*ajoute* au capital pour le payer à l'échéance fixée ; c'est l'intérêt dit *en dedans* : dans la seconde, on le *déduit* immédiatement du capital ; c'est l'intérêt dit *en dehors* (a).

Par exemple, pour 100 fr. prêtés à 6 p. 0/0, on peut *ajouter* au capital les 6 fr. d'intérêt et faire un billet de 106 fr. payable à un an : — Ou bien on peut *déduire* du capital les 6 fr. d'intérêt pour ne recevoir que 94 fr. en espèces, et souscrire un billet de 100 fr. payable dans une année.

La première manière de l'intérêt *en dedans*, est la plus vraie et la plus légale ; car le capitaliste n'a droit à des intérêts que quand l'emprunteur a joui du capital prêté, c'est-à-dire à l'échéance convenue;

438. La seconde, de l'intérêt *en dehors*, où les intérêts sont *déduits* avant qu'ils ne soient dus, avant que l'emprunteur ait profité du capital, dont il n'aura pas même la jouissance en entier, puisqu'il ne reçoit que 94 f en espèces, est une manière moins juste et moins légale ; car on prend par le fait l'intérêt de l'intérêt, ce que la loi ne permet pas. Cependant cette manière onéreuse à l'emprunteur, a prévalu ; elle est pratiquée même par les banques publiques. On en trouve la raison dans la nature des choses qui semble exiger que l'escompteur retienne ses intérêts, lorsqu'il donne son argent contre

---

(a) Dénomination qui serait moins obscure, en disant *l'intérêt ajouté* ou *l'intérêt déduit*

un billet à échoir, à un négociateur qu'il ne reverra peut-être plus : la nécessité de solder l'opération motive la retenue immédiate de l'intérêt. En second lieu, la commodité du calcul; enfin le petit surcroît de taux d'intérêt, qui, sans être manifestement illégal, favorise les capitalistes qui dominent toujours l'emprunteur, ont fait généralement adopter cette méthode en France où elle est consacrée par l'usage.

Quoi qu'il en soit, ces deux manières donnent lieu à deux rapports différents; de 106 à 100 dans la première, et dans la seconde de 100 à 94; ce qui produit une différence d'un peu plus de 38 centimes p. 0/0, qui est précisément l'intérêt de l'intérêt.

On pourrait renouveler toutes les questions précédentes, calculées sur l'intérêt en dedans, en supposant l'intérêt *en dehors;* leur solution ne serait pas plus difficile et exigerait seulement de remplacer les rapports par ceux de 94 : 100 ou de 100 : 94.

Calculs des intérêts par les diviseurs fixes.

439. Dans la pratique, on ne s'arrête pas à poser ainsi des proportions; il y a une manière prompte de calculer les intérêts, généralement adoptée, qui consiste à multiplier le capital par le nombre des jours, et à diviser le produit par des nombres connus appelés *diviseurs fixes.*

440. On conçoit que multiplier le capital par le nombre de jours, c'est obtenir un nouveau capital dont on n'a plus à prendre l'intérêt que pendant un jour; en effet, l'intérêt de 1000 fr., par exemple, pendant trois jours, ou celui de trois fois 1000 fr., ou 3000 fr. pendant un jour, est évidemment le même.

441. *On multiplie donc le capital par le nombre des jours pour obtenir un autre capital, dont on n'a plus à prélever que l'intérêt pendant un jour;*

Or, pour obtenir l'intérêt d'un capital pendant un jour, on le divise par 12000 à 3 0/0, par 9000 à 4 0/0, par 7200 à 5 0/0 et par 6000 à 6 0/0, et ainsi de suite en divisant toujours par le taux de l'intérêt le nombre 36000, produit du capital 100 francs, base de l'intérêt, par 360 nombre de jours de l'année *(a)*; ce qu'il faut démontrer.

D'après ce qui précède, puisque 6 francs sont l'intérêt à 6 p. 0/0 de 100 francs, *pendant un an,* ils sont aussi l'intérêt, *pendant un jour,* de 100 francs multipliés par les jours de l'année, 360, c'est-à-dire de 36000 francs : donc, pour avoir l'intérêt à 6 p. 0/0 *pendant un jour,* d'un capital quelconque, il faudrait poser cette proportion :

Si 36000 fr. donnent 6 fr. d'intérêt pendant un jour, combien un capital quelconque en donnera-t-il ?

Pour simplifier le premier rapport, on le divise par 6 et l'on a :

$$6000 : 1 :: \text{capital quelconque} : x = \frac{\text{capital} \times 1}{6000}$$

442. Par conséquent : *il faut diviser un capital quelconque par 6000, pour avoir l'intérêt à 6 p. 0/0 de ce capital pendant un jour.*

Si l'intérêt était à 4 pour 0/0, la proportion à établir serait 36000 : 4 :: capital : x; d'où, simplifiant le rapport 36000 : 4, on obtiendrait le nombre diviseur 9000, et ainsi pour tous les autres taux; donc,

443. *Il faut diviser 36000 par le taux de l'intérêt, pour obtenir le diviseur fixe par lequel, divisant un capital quelconque, on obtient au quotient l'intérêt de ce capital pendant un jour, à ce taux.*

On effectue la division par 6000 en portant la virgule décimale de trois rangs vers la gauche, ce qui le divise par 1000 (64), et en prenant ensuite le 1/6; on divise par 9000, en prenant le 1/9 après avoir porté la virgule de trois rangs vers la gauche, et semblablement pour tous les nombres diviseurs.

Cette méthode est rapide et commode, surtout pour les comptes courants d'intérêts, dont il est traité avec développement dans la 2ᵉ partie de l'*Arithmétique pratique*, (830 et 833).

(*Voir* autres manières de calculer les intérêts et celle par formule algébrique, 2ᵉ part., *Arithm. pratique*, (833 à 849).

De l'Intérêt composé.

444. Quand les intérêts d'un capital, au lieu d'être payés à la fin de l'année, sont ajoutés à ce capital pour rapporter intérêt comme lui l'année suivante, c'est prélever *l'intérêt de l'intérêt,* qu'on appelle alors *l'intérêt composé.*

La loi n'admet point qu'on perçoive l'intérêt de l'intérêt, ou qu'on les *capitalise;* elle ne fait qu'une seule exception, et c'est en faveur des mineurs ;

La plupart des arithméticiens, ou s'abstiennent de démontrer la théorie des intérêts composés, renvoyant à l'algèbre, ou bien ils s'embarrassent, à ce sujet, dans des démonstrations pénibles. On ne sait trop pourquoi, puisque de même que les questions sur l'intérêt simple, se résolvent par la règle de trois simple, celles sur les intérêts composés doivent se résoudre par la règle de trois composée, dite *règle conjointe,* sauf certains cas.

1ᵉ exemple : *On demande quel sera, au bout de quatre années, l'intérêt composé d'un capital de 1000 fr. à 5 pour 0/0?*

On pourrait établir autant de proportions qu'il y a d'années.

Pour la 1ʳᵉ année	100ᶠ· :	105ᶠ· ::	1000	: x =	1050
Pour la 2ᵉ	100 :	105 ::	1050	: x =	1102,50
Pour la 3ᵉ	100 :	105 ::	1102,50	: x =	1157,63
Pour la 4ᵉ	100 :	105 ::	1157,63	: x =	1215,48

On arriverait évidemment au résultat cherché par ces proportions successives; mais on sait qu'on obtient le même résultat, en évitant ces pénibles calculs par la règle conjointe (419), qui consiste à faire le produit de tous ces rapports, pour en former un *rapport composé*, qui, avec le troisième terme, sert à trouver l'inconnue :

Il faut donc poser simplement la règle conjointe suivante, qu'on peut simplifier aussi comme il est indiqué.

100 : 105	ou 20 : 21	ou 10 : 10,5	ou 1 : 10,5	ou 1 : 10,5
100 : 105	20 : 21	10 : 10,5	1 : 10,5	1 : 10,5
100 : 105	20 : 21	10 : 10,5	1 : 10,5	1 : 10,5
100 : 105	20 : 21	10 : 10,5	10 : 10,5	1 : 1,05 (a)
:: 1000 : x	:: 1000 : x	:: 1000 : x	:: 1 : x	:: 1 : x = 1215.48

2ᵉ *exemple* : Un tuteur doit à son pupile 100,000 fr., dont il a eu l'administration pendant 6 ans; quelle somme doit-il lui compter, avec les intérêts composés à 5 p. 0/0?

100 : 105	ou	1 : 10,5	
100 : 105		1 : 10,5	
100 : 105		1 : 10,5	
100 : 105		1 : 10,5	
100 : 105		1 : 10,5	
100 : 105		1 : 1,05	
:: 100000 : x		:: 1 : x = 134009.56	

Donc, règle générale,

445. *Pour calculer les intérêts composés d'une somme, on fait usage de la règle conjointe en répétant autant de fois qu'il y a d'années, le rapport du capital, au capital plus l'intérêt d'une année.*

3ᵉ *exemple* : On demande ce que doit un tuteur pour un capital de 1000 fr. avec les intérêts composés à 5 p. 0/0 pendant 3 ans 7 mois et 15 jours.

100 : 105	ou 20 : 21	ou	1 : 10,5	
100 : 105	20 : 21		1 : 10,5	
100 : 105	20 : 21		1 : 10,5	
:: 1000 : x	:: 1000 : x		:: 1 : x = 1157 63	

au bout de 3 ans il est dû 1157 fr. 63 cent.; et, si la 4ᵉ année était complète, il serait dû de plus l'intérêt d'un an à 5 p. 0/0, ou 1/20 de cette somme, qui est 57 fr. 88 cent. Mais il n'est dû d'intérêts que pour 7 mois et 15 jours; il faut donc prendre sur 57 fr. 88 c. l'intérêt de 7 mois 1/2, qui est de 36 fr. 17 c., et l'ajouter à l'intérêt de 3 années, ce qui compose la somme de 1193,80, que le tuteur aurait à payer au pupile.

On peut répéter les mêmes problèmes que pour l'intérêt simple.

4ᵉ *exemple* : Quelle somme faudrait-il prêter pour recevoir, après trois ans, 2662 fr., pour le capital et l'intérêt composé à 10 pour 0/0.

(a) Il faut se rendre compte de ces simplifications.

$$11 : 10 \qquad \text{ou } 1,1 : 1$$
$$11 : 10 \qquad \quad 1,1 : 1$$
$$11 : 10 \qquad \quad 1,1 : 1$$
$$:: 2662 : x \qquad \quad :: 2662 : x = 2000$$

En effet. pour les 11 fr. que le débiteur remboursera à la fin de la premiere année, il ne faut lui en prêter que 10 fr., ainsi ce qu'on lui prête n'est que les 10/11 de ce qu'il remboursera à la fin de la première année ; or, la somme dont il jouira, la seconde année, ne sera que les 10/11 de ce qu'il remboursera quand elle sera expirée ; et ce dont il jouira, la troisième ne sera aussi que les 10/11 de ce qu'il remboursera à la fin ; donc, ce qu'il faut prêter doit être les 10/11 des 10/11 des 10/11 de 2662=2000 fr.

Il résulte de ce qui précède, que :

446. *Dans les questions diverses sur les intérêts composés, pour trouver les intérêts, le capital ou le taux, il faut faire une règle conjointe où doit être répété autant de fois qu'il y a d'années, le rapport du capital 100 au capital augmenté d'une année d'intérêt.*

Lorsqu'il y a une fraction d'année, on multiplie l'intérêt de la dernière année entière, par cette fraction, pour en ajouter le produit aux intérêts des autres années ;

Mais quand on veut trouver la somme à prêter, il faut opérer semblablement et répéter le rapport du capital, plus l'intérêt d'une année, au capital primitif autant de fois qu'il y a eu d'années.

Si le capital était considérable et les temps longs, les calculs devenant trop laborieux, on fait usage des logarithmes dont nous traiterons bientôt. (*Voir* autres développements, 2ᵉ *part.*, **Arithm. prat.**, (849).

Des Annuités.

447. On appelle *annuités*, des paiements égaux, faits année par année, pour rembourser un capital et ses intérêts composés

Comme ces paiements se font d'ordinaire par *année*, de là vient le nom d'*annuités;* néanmoins ils peuvent avoir lieu par semestres, par trimestre ou par mois.

Ce sont les mêmes questions que celles sur les intérêts composés, mais considérées sous un autre aspect.

Voir développements, 2ᵉ *partie*, **Arithmétique pratique**, (875). **et** solutions par la règle de trois composée, les progressions, les logarithmes ou les équations algébriques.

De l'amortissement.

448. Lorsque le gouvernement français fait un emprunt, de 100 millions, par exemple, il affecte sur le budget des dépenses, une somme de 6 millions plus ou moins, dont 5 millions pour le service des intérêts, si la rente est du 5 pour 0/0 et 1 million destiné à la caisse d'amortissement, qui l'emploie à racheter chaque année

une portion de l'emprunt émis; c'est là ce qu'on appelle *l'amortir* annuellement d'un million, ou le réduire, la première année, à 99 millions, la deuxième à 98 et ainsi de suite; d'un autre côté, la caisse d'amortissement recevant les intérêts de ces rentes, les applique également au rachat de l'emprunt, afin de l'amortir ainsi par la puissance des intérêts composés : ce sont donc des questions analogues. (*Voir* développements, 2ᵉ *part.*, *Arithm. pratique*, (888).

Des fonds publics.

449. Le gouvernement français a émis des rentes à 5, 4 1/2, 4, et 3 pour 0/0; et il se reconnaît débiteur d'un capital de 100 fr., qu'il n'est point obligé de rembourser, mais dont il sert par semestre la rente annuelle de 5 fr., de 4 fr. ou de 3 fr. ; ce capital et cette rente, qui sont fixes pour le gouvernement, se vendent à la bourse plus ou moins que le pair de 100 fr., et à un cours variable, qui est tantôt au-dessus du pair, tel que 105, 110, 115, et tantôt au-dessous, dans les moments de crise, à 90, 75, 50, etc.

(*Voir* développements et calculs, 2ᵉ *part.*, *Arithm. pratique*, (821).

Des caisses d'épargnes, tontines, rentes viagères, assurances, etc.

450. (Voir 2ᵉ *partie*, *Arithm. pratique*, (822).

De l'Escompte.

451. L'*Escompte* est l'intérêt retenu sur un capital payé d'avance pour le temps à courir jusqu'à l'échéance.

Ainsi l'escompte est l'intérêt sous un autre nom.

Par exemple, lorsqu'on escompte ou paie d'avance au propriétaire d'un billet de 100 fr., le montant de ce billet qui n'est payable que dans un an, on ne lui remet en espèces que 94 francs, et l'on retient 6 fr. Si l'on suppose l'intérêt calculé en *dehors* (438), à raison de 6 p. 0/0, c'est cet intérêt retenu qu'on appelle *escompte*.

Ou bien encore, quand on paie de suite 100 fr. de marchandises pour lesquelles on avait une année de terme. On ne compte en espèces que 94 fr., et l'on retient 6 francs pour l'intérêt d'une année du terme auquel on renonce. Ainsi, dans tous les cas, l'escompte n'est autre chose que l'intérêt retenu par celui qui paie d'avance un capital dont le terme de paiement n'est pas échu. C'est donc encore un nom spécial donné à l'intérêt pour cette circonstance particulière de *paiement anticipé* (a).

(a) A la banque de France on appelle *escomptage* l'action d'escompter, et l'on y a adopté une nouvelle méthode abrégée pour calculer les intérêts, dont il sera parlé dans la 2ᵉ *partie.*, *Arithm. prat.*, (823).

Par conséquent ce sont mêmes bases que pour l'intérêt, mêmes questions, mêmes distinctions d'escompte *en dedans* et *en dehors*, mêmes calculs et mêmes règles pour les opérer. (Voir 2ᵉ *part.*, *Arithm. prat.*, (823).

Du Change.

452. (Voir 2ᵉ *part.*, (824). *et le Traité complet du Change et des arbitrages du même auteur.*)

De la règle de fausse position.

453. Dans la règle de fausse position, il s'agit de partager un nombre suivant des conditions données, et encore aussi de trouver ce nombre au moyen de quelques-unes de ses parties qui sont déterminées.

Pour y parvenir, on s'aide provisoirement d'un nombre supposé ; de là le nom de règle de *fausse position*.

Quelquefois même il est nécessaire d'avoir recours à deux nombres supposés ; de là encore le nom de règle de *deux fausses positions*.

1ᵉʳ *exemple :* On propose de partager 1280 fr. entre trois personnes, dont la seconde ait quatre fois autant que la première, et la troisième deux fois et 1/3 autant que les deux autres ensemble.

454. On fait la fausse supposition que la part de la première personne est 3 fr. nombre commode pour en prendre le 1/3 ; en conséquence, la part de la seconde personne sera 12, et celle de la troisième 35, ce qui forme pour l'ensemble 50 ; il ne s'agit plus que de partager 1280 fr. en parties qui soient entre elles comme 3, 12 et 35, ce qui s'opère comme il a été dit (420).

2ᵉ exemple : *On demande de partager 32114 entre cinq personnes, de façon que la seconde ait deux fois autant que la première, et de plus 36 fr., que la troisième ait la moitié de la seconde et le tiers de la première, moins 12 fr., que la quatrième ait le double de la troisième, et 24 francs de plus ; qu'enfin, la cinquième ait autant que la première et la quatrième.*

Sans les 36, 12 et 24 fr., il est clair qu'il s'agirait de partager 32114 francs en parties proportionnelles données ; mais puisqu'il faut prélever 36 fr. pour la seconde, 18 fr. moins 12 fr., c'est-à-dire 6 fr. pour la 3ᵉ, 12 fr. plus 24 pour la quatrième, enfin 36 fr. pour la cinquième, il faut donc soustraire d'abord ces 114 et diviser le reste 32000 en parties proportionnelles, comme précédemment (426).

C'est presque toujours la nécessité d'abréviations, et une pratique constante qui font découvrir des procédés ingénieux et prompts.

455. On peut aussi résoudre cette question en cherchant le nombre des parts de chacun; elles sont au nombre de 32, savoir : 3, 6, 4, 8 et 11 parts; on partage donc 32000 en parties proportionnelles à ces nombres comme (428).

(*Voir autres cas et exemples, 2° part., Arithm. pratique,* (825).

De la règle d'alliage ou de mélange.

456. On distingue la règle d'alliage directe et la règle d'alliage indirecte.

Dans la première, on cherche la *valeur moyenne* de plusieurs choses mélangées, connaissant la valeur et la quantité de chacune d'elles.

Dans la seconde, on cherche *les quantités* de chaque chose devant composer un mélange ou un alliage, le prix de chaque espèce étant déjà connu, ainsi que le prix moyen de tout le mélange.

Règle d'alliage directe.

457. Le cas le plus simple est celui où l'on veut trouver une quantité moyenne à plusieurs autres, ou un prix moyen à plusieurs prix différents.

Alors il faut additionner les quantités entre elles, et chercher une moyenne en divisant la somme par le nombre des quantités.

Mais quand on connaît les diverses quantités des parties composant le mélange, et le prix de chacune, il faut multiplier la quantité par le prix, additionner après tous ces produits et diviser leur somme, par la somme des quantités; on obtient ainsi le prix moyen du mélange ou de l'alliage.

1^r exemple : *Ayant mêlé ensemble 40 hectolitres de grains à 60 fr.; 50 hectolitres à 65 fr. et 25 à 70 fr., on demande le prix de l'hectolitre du mélange.*

```
40 hectolitres à 60 fr. = 2400 fr.
35      —        65    = 2275
25      —        70    = 1750
───                      ─────
100                      6425
```

Divisant le prix total du mélange 6425 fr. par la quantité d'hectolitres du mélange 100, on aura le prix moyen de l'hectolitre du mélange 64 fr. 25 c.

2° exemple : *Un affineur a fondu trois lingots d'or ou d'argent, l'un pesant 3 hectog. 75 grammes, au titre de 880 millièmes, l'autre pesant 4 hectog. 80 grammes, au titre de 900 millièmes, et le dernier pesant 5 hectog. au litre de* 950 *millièmes, on demande quel est le litre de la fonte?*

$$3 \text{ hectog. } 75 \text{ gram. } \times 880 \text{ millièmes } = 330000 \text{ millièmes}$$
$$4 \qquad\quad 80 \qquad \times 900 \qquad - \qquad = 432000$$
$$5 \qquad\quad 00 \qquad \times 950 \qquad - \qquad = 475000$$
$$\overline{\quad 1355 \text{ grammes} \qquad\qquad\qquad \overline{1237000}}$$

En divisant la somme des produits 1237000 par 1355, qui est celle des poids des lingots, le quotient 912 millièmes est le titre de la fonte, à moins d'un millième près.

Voir autres problèmes sur le revenu moyen d'une terre.

——————————————— sur le prix moyen de la journée d'ouv.

——————————————— sur *l'époque moyenne ou commune* de diverses échéances.

(2ᵉ part., *Arithm. prat.*, (816 à 820).

De la règle d'Alliage indirecte.

458. Il faut d'abord soustraire le plus petit prix du prix moyen, et le prix moyen du plus grand prix, pour avoir les deux différences : dont l'une, celle provenant du petit prix, fera connaître la quantité du plus grand prix qui doit entrer dans le mélange ; et réciproquement la différence provenant du plus grand prix, fera connaître la quantité du plus petit.

Par exemple, *Ayant des vins à* 20 *cent. et à* 35 *cent. le litre, on demande dans quelle proportion il faut les mélanger pour faire du vin à* 30c ?

Après avoir disposé les trois prix, le plus petit au-dessus, le prix moyen au centre et le plus grand au-dessous, ainsi :

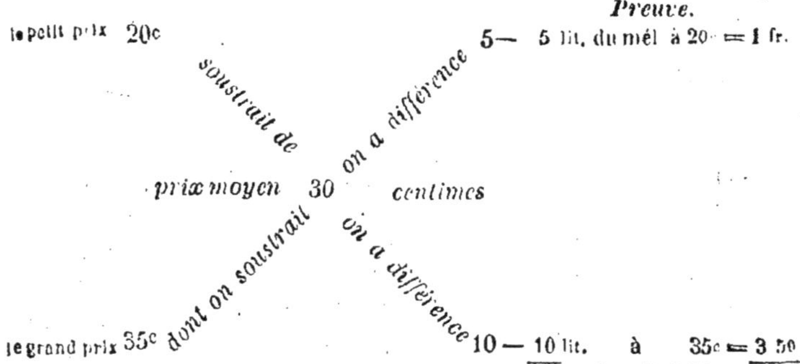

On soustrait d'abord le plus petit prix 20, du prix moyen 30 cent., on a 10, qu'on pose en face du plus grand ; puis on soustrait le prix moyen 30 du plus grand prix 35 cent. on a 5, qu'on pose en face du plus petit. La 1ʳᵉ différence 10, provenant du plus petit prix 20, indiquela quantité de litres de vin du plus grand prix à faire entrer dans le mélange, 10 litres ; la seconde différence 5 provenant du plus grand prix, indique réciproquement la quantité de vin du petit prix qui doit y entrer aussi, 5 litres; et en effet, si l'on en fait la preuve on trouve que 5 litres à 20 cent. et 10 litres à 35 coûtent 4 fr. 50 cent., qui, divisés par le nombre des litres 15, fait exactement revenir le prix du litre à 30 cent., prix moyen proposé.

Démonstration. Dans ce problème il s'agit uniquement de compenser ce qu'on perd sur un vin par ce qu'il faut gagner sur un autre; ou, mieux encore, il s'agit de regagner par les proportions différentes des quantités, ce qu'on perd par la différence des prix : ainsi, si l'on avait demandé combien il faudrait de deux vins à 25 cent. et à 35 cent. le litre pour composer un mélange ressortant à 30 cent., il devenait évident qu'on pouvait les mêler par égale portion, puisque la différence de leur prix au prix moyen, 5 cent., était égale de part et d'autre; car la perte sur l'un compenserait le gain sur l'autre.—Mais dans l'exemple proposé il n'en est pas ainsi : on perd et on gagne inégalement, 10 centimes sur l'un et 5 centimes sur l'autre; donc il faut compenser cette différence par des quantités inégales: or on conçoit que le rapport de ces quantités inégales ne peut être déterminé que par la différence même de leurs prix au prix moyen, et en second lieu on conçoit encore que pour arriver à compenser, la plus grande différence doit fournir la plus petite quantité, et réciproquement : donc on doit placer la différence du petit prix devant le plus grand, et la différence du plus grand devant le plus petit: donc en général ,

459. *Pour opérer la règle d'alliage, il faut chercher la différence du prix le plus haut, au prix moyen du mélange, et la placer à la droite du prix le plus bas, pour indiquer la quantité de marchandise de ce prix qui doit entrer dans le mélange; puis chercher la différence du prix le plus bas avec le prix moyen du mélange, et la placer à droite du prix le plus haut, pour indiquer réciproquement la quantité des marchandises de ce prix.*

Les deux différences donnent par leur somme la totalité du mélange, et aussi le rapport des parties qui doivent le composer.

460. *Si la quantité du mélange est déterminée, il faut la partager en parties proportionnelles, qui aient entre elles les mêmes rapports que les différences obtenues, ce qu'on opère par le moyen déjà indiqué* (420).

Par exemple, Si au lieu de 15 litres de vin on voulait en faire 1500 litres, alors on partagerait 1500 dans le rapport de 10 à 5, en disant $15 : 5 :: 1500 : x = 500$ et $15 : 10 :: 1500 : x = 1000$, ou encore simplifiant le rapport de 15 à 5, qui est le même que de 3 à 1, on pourrait faire un mélange en telle quantité qu'on voudrait, pourvu qu'il y ait 3 fois plus d'une sorte que de l'autre.

Lorsqu'il s'agit de mélanger beaucoup de marchandises on opère d'une manière analogue. (Voir 2e *part.*, *Arithm. prat.*, (846).

Voir aussi, pour les applications au commerce d'or et d'argent pour les titres, *Arithm. prat.*, 2e *part.*, (827), et le *Traité du Change du même Auteur.*

De la règle du TANT POUR CENT ou pour mille

Ou règle de bénéfices ou pertes, de la tare, de prime d'assurances terrestres et maritimes, des avaries, de commission, de ducroire, de courtage, de remise, etc.

461. Tous ces genres de gains ou de pertes quels qu'en soient les noms divers, sont toujours prélevés sur la base 100, et à raison de 1/8, 1/2, 1, 2, 3 ou 6 p. 100 ; ce qui lui a fait donner le nom de *règle du* TANT *pour* CENT, qui n'est autre chose qu'une règle de trois, encore désignée par une nouvelle dénomination spéciale ;

Les questions de cette nature doivent être résolues d'après les principes de la règle de trois ; mais dans la pratique tous les calculs auxquels elles donnent lieu se réduisent à un procédé fort simple :

Il consiste à prendre d'abord 1 p. 0/0, ou le centième (ce qui est diviser par 100 le nombre donné, en portant la virgule décimale de deux rangs vers la gauche) (65) ; et à multiplier ensuite le centième obtenu, par le tant pour cent proposé.

On obtient ainsi le tant pour 0/0 demandé, qu'on peut ajouter ou déduire du capital, selon la nature de la question.

Par exemple, On demande de prendre la remise de 1 p. 0/0, la commission de 2 p. 0/0, le bénéfice de 5 p. 0/0, le courtage de 1/8 p. 0/0, la prime de 1/2 pour mille, sur 2205 fr. 30 cent.

La remise de 1 p. 0/0 = 22 fr. 05 cent. ou 22 fr. 053 millimes ; la commission de 2 p. 0/0 = 22,053 × 2 = 44.10 ; le bénéfice de 5 p. 0/0 = 22,053 × 5 = 110,27 ; le courtage de $\frac{1}{8}$ p. 0/0 = 22,053 × $\frac{1}{8}$ = 2,76 ; la prime d'assurances de 1/2 p. 00/00 = 2,2053 × $\frac{1}{2}$ = 1,10.

Pour la prime à 1/2 pour mille (p. 00/00), on a pris d'abord le millième ou un pour mille, en portant la virgule de 3 rangs vers la gauche (65), et ensuite la 1/2 du résultat obtenu.

(Voir 2e part. Arithm. prat. (828).

Conclusion des applications des Proportions.

462. On pourrait multiplier ou varier à l'infini les questions relatives à la règle de trois, et aux applications des proportions ; et même ériger en règle les procédés qui servent à les résoudre, en leur attribuant un nom spécial, comme l'on a fait pour les *règles conjointe, d'escompte, etc.* Mais c'est un inconvénient qu'il faut au contraire éviter avec soin, parce que tous ces noms jettent beaucoup de confusion sur l'étude de l'arithmétique, et lui prêtent des apparences de diffi-

cultés qui n'existent pas. Tout en donnant les dénominations consacrées, puisqu'on ne peut l'éviter, nous avons fait observer constamment que c'était au fond toujours les mêmes questions quoique désignées sous des noms différents, et qu'il fallait traiter d'après les mêmes principes. Ce ne sont pas des exemples qu'il faut donner en grande quantité, mais des principes généraux en très petit nombre, parce que s'ils ont été bien conçus, ils conduiront toujours au but, malgré la confusion des termes de la pratique et leur trop grande variété.

463 à 520. — Nous croyons inutile de traiter ici des progressions et des logarithmes, dont ceux à qui nous destinons cet abrégé, ne feraient aucun usage et nous renvoyons en cas de besoin à l'ARITHMÉTIQUE COMMERCIALE ET PRATIQUE, 8ᵐᵉ édition, paragraphe 463 à 520 et aussi pour les COMPTES COURANTS D'INTÉRÊTS, selon toutes les méthodes abrégées en usage dans le commerce et l'industrie ; et pour les questions d'ANNUITÉS, qu'on peut résoudre sans le secours de l'algèbre par l'ÉQUATION ARITHMÉTIQUE.

FIN.

4,325 — Abbeville, Imp. R. Housse, rue Saint-Gilles.